후회하지 않고 사랑하는 법

원샷한솔 가족 이야기

김한솔 지음

위즈덤하우스

추천의 글

한솔이가 힘들었던 시절,
말없이 방 안에서만 지냈던 시절이 기억납니다.
그 아이에게 먼저 말을 건넨 건 우리였지만,
먼저 마음을 연 건 한솔이였던 것 같아요.
서툴고 낯설어도 어떻게든 잘해보려는
그 마음 하나로 우리의 품에 들어와줬죠.

한솔이는 세상을 따뜻하게 보려고 애쓰는 아이예요.
자기 아픔을 누구보다 잘 알기에
누군가의 아픔을 그냥 지나치지 못해요.
이 책에 담긴 말들도, 사진도
모두 그 아이의 마음 그대로라 마음이 찡합니다.

토리 이야기를 할 때 한솔이의 얼굴이
얼마나 밝은지 몰라요.
이제는 저도 그 아이의 이야기를 읽는 독자가 되어,
시간 가는 줄 모르고 웃고 울고 감동받았습니다.

이 책이 한솔이처럼 따뜻하고 다정하게
누군가의 마음에 작은 빛이 되길 바랍니다.

- 김한솔의 큰엄마

추천의 글

한솔이는 말이 많은 애는 아니었습니다.
뭘 물어보면 대답은 늘 "괜찮아요"였지요.
처음엔 우리가 불편한가 싶기도 했어요.

시간이 흐르면서 알겠더라고요.
이 애는 그냥 마음 여는 데 시간이 좀 걸리는 아이구나.
우리가 조금만 더 기다려주면 되는 거였구나.
기다림 끝에 본 한솔이는,
아픈 만큼 더 깊어지는 아이였습니다.

지금 한솔이는 우리 집 분위기 메이커입니다.
토리와 같이 있으면 무슨 개그 콤비 같고요.
둘을 보면 웃느라 시간 가는 줄을 모릅니다.

말이 없던 아이가 세상 밝은 수다쟁이가 되기까지,
한솔이가 겪어온 모든 성장통이 이 책에 담겨 있어요.
그 힘든 시간을 어떻게 버텼을까 생각하면

눈시울이 붉어지게 기특하고 장합니다.

한솔이는 우리를 은인이라고 하지만,
우리 부부에게야말로 이 아이가 곁에 있는 게
더없이 소중하고 감사한 기적입니다.

- 김한솔의 큰아빠

프롤로그

어릴 때는 숨기고 싶은 것이 참 많았습니다.
어머니가 여러 명 있었다는 것,
아버지가 일찍 돌아가셨다는 것.
시각장애인이 된 뒤에는 지팡이를 들고 있는
제 모습이 그랬습니다.

사람들이 나를 어떻게 볼까.
이상하게 여기지 않을까.
거의 모든 순간 타인의 시선을 의식했고,
거의 모든 순간 혼자였습니다.

그때 저는 '가족'이라는 말을 별로 좋아하지 않았습니다.
누가 내게 가족 이야기를 물을까 봐
괜히 눈치를 봤고,
남들과 다른 내 이야기를 들킬까 봐
조마조마하며 말끝을 흐리곤 했죠.

그러다 진짜 어른을 만났습니다.
내 마음보다 나를 먼저 걱정해주는 큰어머니와 큰아버지,
내 이야기를 듣고 웃고 울어주는 사람들,
그리고 토리.
눈이 보이지 않아도 마음만으로 전부를 읽을 수 있는,
다정하고 사랑스러운 내 삶의 파트너.

그들과 함께한 날들은 꼭 연습 같았습니다.
서툴고 어색했지만, 매일 조금씩 나아지는 연습.
완벽한 가족을 '만나는' 것이 아니라,
'함께 만들어가는' 시간.

이 책은 그 연습의 기록입니다.
한때 가족이라는 말이 낯설고 불편했던 제가
다시 가족을 꿈꾸게 된 이야기.
눈이 보이지 않아도 마음으로 함께 본 풍경들.
가슴속에서 천천히 써 내려간 작고 따뜻한 고백들.

후회보다 웃음을 더 남기기 위해
수없이 쌓아왔던 내 안의 약속들.
이 모든 기억은 혼자였던 제가 사랑을 배우고,
'우리'로 살아갈 꿈을 꾸게 된 이유이기도 합니다.

저의 이야기를 들으며,
당신도 혼자라고 생각하지 않기를 바랍니다.

2025년 늦가을에

김한솔

차례

추천의 글   4

프롤로그   8

1부 사라지는 집

011-780-6621	17
부러움과 부끄러움	22
빈집	24
말할 수 없는 이야기	26
나의 자리	28
다녀오세요	32
아버지와 나	36
90분	40
어린 사랑	42
아버지의 유산	49

✉ 여덟 살의 한솔에게   57

2부 돌아오는 집

큰아빠	63
사랑을 의심한 시간	65
화해	68
〈1박 2일〉과 사또통닭	70
큰엄마	73
〈오직 그대만〉	76
김종순 아줌마	81
독립	85
이제 제 차례예요	89
안 당연한 사랑	93
돌아오는 집	97
✉ 큰어머니 큰아버지에게	101

3부 함께 크는 집

부적격 보호자	107
안내견보다 반려견	111
설채현 선생님	113
솔이 또리 김토리	116
너의 모든 처음을	124

열혈 아빠와 슈퍼 천재견	129
너나 잘하세요	135
초심	138
대환장 쇼 어질리티	145
D-3일	155
킹 오브 더 점프, 토리	160
좋은 건 바로 지금	171

✉ 토리에게　　　　　　　　　　183

4부 기다리는 집

나에게 집은	189
짐이 아니다	194
흰지팡이	198
결혼 생각	203
자랑하고 싶은 가족	207
소설 쓰기 금지	209
그냥	212
사랑은 동기부여다	214
내일이 없는 것처럼	219

✉ 언젠가 만날 나의 아이에게　　224

1부

사라지는 집

011-780-6621

나의 부모님은 내가 여덟 살 때 이혼했다. 성인이 된 지금은 그때의 상황을 이 간단한 한 줄로 설명할 수 있지만, 당시엔 모든 것이 혼란이었다. 부모의 이혼을 자연스럽게 이해하고 받아들이기에 여덟 살은 꽤 어린 나이였다.

첫 번째 어머니에 대한 기억은 아무렇게나 잘라낸 필름 조각 같다. 애써 기억을 더듬으면 단편적인 장면과 냄새, 표정들이 맞춰지지 않는 퍼즐 조각처럼 얽히고설켜 둥둥 떠다닌다. 밤늦도록 술을 따르던 얼굴, 어딘가 울적해 보이는 미소, 새벽에 홀연히 사라진 빈방, 「해바라기」 멜로디⋯. 이 모두를 나는 끝 모를 외로움의 장면들로 기억한다.

어머니는 스무 살에 나를 낳았고, 외로웠다. 이른 나이에 선택한 결혼 생활을 지키기에 어머니의 외로움은 많이 깊었던 것 같다. 외로움이 커질수록 자주 집을 비웠다.

가끔씩 엄마로 있어준 순간도 있었다. 중간중간 숙제를

봐주고, 그림 그리는 걸 도와준다든지 하면서. 그때 나는 엄마를 오롯이 엄마로 의지했을까. 정확한 건, 때때로 아이 같은 엄마의 돌봄을 내가 좋아했었다는 사실이다.

'엄마가 나한테 이렇게 해주는 건 나를 좋아한단 뜻이야.'

엄마의 다정함에 꼬박꼬박 의미를 부여하며 안도감을 느꼈다.

그녀가 좋아하는 멜빵바지를 입혀준 날엔 꼭 무스인지 젤인지를 발라줬고, 아빠 대신 레슬링을 하며 놀아주는 날도 있었다. 기분이 좋을 때는 나를 데리고 뜨개질방을 갔다. 언니 언니 하며 따르는 지인이 많았다. '언니'들과 웃고 떠드는 엄마는 어린아이처럼 천진했다. 나는 그런 엄마에게 매번 100원을 달라고 졸랐다. 100원이 꼭 필요했던 건 아니었다. 구김 없이 활짝 핀 엄마의 얼굴을 보며 더 많이 얘기하고 싶었다. 그 순간을 조금이라도 더 오래 붙잡고 싶었다.

엄마는 빵을 좋아해서 빵 심부름을 자주 갔다. 한번은

빵을 사서 집에 돌아오는 길에 중학생 형들에게 빵과 돈을 뺏기고 맞은 적이 있다. 넘어지면서 파인 상처가 꽤 깊었지만 병원 치료 대신 대일밴드 한 장이 발렸다. 지금도 만져지는 팔의 흉터는 엄마를 떠올리게 하는 몇 안 되는 상징 중의 하나다.

함께 제일 많이 한 건 인형 뽑기였다. 나는 그때 인형 뽑기 달인이었고, 내가 인형을 뽑을 때마다 엄마는 손뼉을 치며 좋아했다. 인형을 뽑고 돌아오면 작은 방 한쪽 벽에 걸어두었다. 인형이 벽을 3분의 2쯤 채웠을 무렵, 엄마는 집을 나갔다.

한동안은 믿지 못했다. 그럴 리가 없어. 엄마는 나를 좋아해. 나를 좋아하니까 떠날 리가 없어. 슬픔을 밀어내듯 매일 생각했다.

분명 다시 올 거야.
그때 내가 최고라고 했거든.

나랑 있는 게 너무 즐겁고 재밌다고 했거든.
나한테 그렇게 말한 엄마가 안 돌아올 리가 없어.
난 무조건 믿어.

엄마와 함께하던 곳을 매일같이 서성였다. 뜨개질방을 거쳐 인형 뽑기 기계 앞, 빵집을 들르고 나면 공중전화 부스를 향했다. 집에서 전화를 걸다 들키면 아버지에게 혼날까 봐 하루에도 몇 번씩 공중전화 부스로 달려갔다.

사랑해요. 사랑해요.
세상의 말 다 지우니
이 말 하나 남네요, 늦었지만.

지금도 또렷하게 기억하는 전화번호를 누르면 엄마의 목소리 대신 박상민의 「해바라기」 노래만 야속하게 흘러나왔다. 여덟 살의 나는 힘없이 울며 통화 연결음이 멈출 때까지 수화기를 내려놓지 못했다.

어머니는 단 한 번도 전화를 받지 않았다. 사랑해요 사랑해요 세상의 말 다 지우니. 그 노래를 백번쯤 들었을까. 집에 돌아가는 길이 너무 멀게 느껴질 때 즈음, 나는 엄마의 완전한 부재를 받아들였다.

부러움과 부끄러움

생각해보면, 그 어린 날 어머니의 외로움은 나에게 고스란히 옮았던 것 같다. 그 집에서 어머니와 아버지, 내가 함께 있었던 순간이 기억에 거의 없다. 어머니가 있으면 아버지가 없었고, 아버지가 있으면 어머니가 없었다. 어느 순간부터 나도 빈집에 혼자 있는 것이 싫어 함께할 친구를 찾아 나섰다. 해가 지도록 밖에서 친구들과 어울리는 날이 많아졌다. 우리의 집엔 서로의 목소리보다, 서로에게 하지 못한 말들과 각자의 외로움이 가득 고여 있었다.

어머니가 완전히 떠난 후엔 외로움을 비집고 짙은 두려움이 밀려왔다.
'누군가 내 곁을 영영 떠날 수 있다.'
그 아득히 차디찬 사실 하나가 가슴속에 강렬한 두려움으로 새겨져, 누구에게도 묻지 못할 당혹감이 하나하나 쌓여갔다. 엄마는 어디 갔어요? 라고 물어볼 대상이 단 한 명이라도 있었다면 끝없는 불안에 떨지 않을 수 있었을까.

휘몰아치는 두려움엔 늘 후회가 뒤따랐다.

'내가 더 즐겁게 해줬다면 엄마는 내 곁을 떠나지 않았을까.'

언제든 버려질 수 있다는 공포, 영원히 어머니를 보지 못할 거란 체념이 커지며 내 안엔 예전에 없던 감정이 자랐다. 부끄러움.

친구들은 주말에 아빠와 공원 가서 연을 날렸다는 이야기, 엄마와 빵을 만들어 먹었다는 이야기를 천연덕스럽게 자랑했다. 그럼 나도 천연덕스럽게 웃으며 재밌었겠다고 대꾸했다. 엄마가 사라진 일 따위 없다는 듯 여느 날과 똑같이 웃고 떠들고 뛰어놀았다.

그러면서도 마음 한구석에는 늘 다른 생각이 자리하고 있었다.

'이 애들과 나는 달라.'

남과 다르다는 것, 평범하지 않다는 사실은 아이에게 기를 쓰고 감춰야 할 부끄러움이 되었다.

빈집

아버지는 출장이 잦았고, 자연히 집에 혼자 있는 시간이 더 많아졌다.

　소나기가 세차게 내리던 어느 날, 친구들은 하나둘 우산을 들고 온 가족들과 떠나고 나 혼자 한참을 덩그러니 서 있었다. 선생님께 부탁하면 됐을 텐데, 그마저도 이상하게 보일까 두려웠다. 혼자 남은 걸 들키지 않으려고 집까지 쉬지 않고 달렸다.

　문을 열면 혹시나 아빠가 와 있지 않을까, 작은 기대를 품고 도착하면 어두운 적막만이 나를 반겼다. 얼굴을 타고 흐르는 것이 빗물인지 눈물인지 구분할 수 없었다.

　친구네에 놀러 가면 혼자 몰래 조용히 눈물을 훔치곤 했다. 웃으며 간식을 가져다주시는 친구의 어머니가 부러워서. 나에게 건네는 말이 너무 따뜻해서.

　그때부터였을까. '가족'이라는 단어는 나에게 특별히 아프고 특별히 간절한 꿈으로 새겨졌다. 나도 언젠가는 웃음이 가득한 가족을 만들고 싶다고, 무슨 일이 있든

설명해주고 끝까지 이해시켜주는 어른이 되고 싶다고 자주
생각했다.

  부러움과 서러움이 뒤섞인 그 감정들을 눈물로 쏟아내길
몇 차례. 어느 순간부터 습관처럼 새어 나오는 감정을 눌러
삼키기 시작했다. 계속 슬퍼하면 남아 있는 삶마저 사라질
것 같은 두려움에 진짜 감정을 꾸역꾸역 삼키고 눌렀다.
나중에는 내가 눈물 없는 사람이 된 건지, 너무 많이
울어서 눈물이 마른 건지 알 수 없었다.

말할 수 없는 이야기

no. 26

아이들에게 가족은 가장 흔한 이야깃거리였고, 그 일상적인 대화 속에서 나는 자주 얼어붙었다. 학교에서 친구들이 "오늘 엄마가 뭐 해주셨어?"라고 묻는 순간, 어떤 표정을 지어야 할지, 어떤 대답을 해야 할지 몰라 눈치를 봤다.

 운동회 때마다 계주에 빠지지 않았던 나는 아이러니하게도 운동회 날이 좋으면서도 싫었다. 어린 나이에 스스로도 헷갈렸다. 나는 운동회를 좋아하는 걸까, 싫어하는 걸까? 지금 생각해보면, 운동회 자체는 좋지만 가족을 부르는 행사인 게 싫은 거였다. 좋아하는 일에도 그림자가 드리울 수 있다는 걸 그때 알았다.
 떠들썩한 가족들 사이에서 오지 않는 엄마 아빠를 떠올리며 자주 생각했다. 내가 좀 더 웃고 표현하는 아이였다면, 엄마 아빠를 좀 더 기쁘게 해주는 아이였다면, 나도 지금 저 아이들처럼 엄마 아빠와 함께일 수 있었을까?

친구를 좋아하는 소년에게 비밀이 많다는 건 조금 가혹한 일이었다. "너네 엄마 아빠는 왜 안 왔어?"라는 악의 없는 질문에 왜 그렇게 주눅이 들어야 하는지, 너희와 나는 왜 달라야 하는지, 왜 나는 이 아이들과 전혀 다른 고민들로 가슴앓이를 해야 하는지, 영문도 모른 채로 서서히 입을 다물어갔다.

나의 자리

열한 살, 두 번째 어머니가 생겼다. 친구로만 외로움을
채우던 나는 어머니가 생겼다는 것 하나만으로 설렜다.
빈집에 들어가지 않아도 된다는 것, 친구들에게 '엄마'라는
단어를 꺼낼 수 있다는 것, 무엇보다 혼자 밥을 차려 먹지
않아도 된다는 사실이 마냥 좋았다. 두 번째 어머니에게는
이 결혼이 초혼이었고, 그 집안에서 내 존재는 비밀이었다.
당연히 결혼식에도 초대받지 못했다. 그냥 어느 날 갑자기
같이 살았고, 그냥 어느 날 우연히 결혼사진을 보고 아
결혼식을 했구나, 했다.

두 번째 어머니는 독실한 크리스천에 완벽주의자였다.
집안일에도 나를 돌보는 일에도 더할 수 없이 충실했다.
친구들을 당당하게 집으로 초대했던 걸 보면 아마 내겐
그런 어머니를 자랑하고 싶은 마음이 컸던 것 같다.
어머니가 간식이며 음료를 챙겨 방에 들어오면 나도
모르게 어깨에 힘이 들어갔다. 모처럼 목소리도 커졌다.

밥을 짓는 것도, 숙제를 하는 것도, 학교 갈 가방을 챙기는 것도 오롯이 내 몫이었던 나에게 두 번째 어머니의 성실함은 일종의 안식처였다. 그런 어머니가 생겼다는 것이 기뻤고, 나도 어머니의 노력에 보답하고 싶었다.

아니, 솔직히는 사랑받고 싶었다. 그래서 어머니가 기대하고 원하는 것은 뭐든 충실하게 하려고 했다. 교회를 다니라고 하면 착실히 다니고, 성경을 읽으라고 하면 열심히 읽고, 콩 집기 연습, 학습지 등등 시키는 모든 걸 성실하게 해냈다. 모든 역할과 책임에 완벽을 기울였던 새어머니는 나 역시 완벽한 엘리트로 키우려는 욕망이 강했다. 나는 그게 싫지 않았다.

어쩌면 좋은 가족이 될 수 있을 거야.
내가 더 잘하면.
내가 더 착하게 굴면.
공부를 잘하면.

말을 잘 들으면.

 기대가 무너진 건 두 번째 어머니에게 아이가
생기고부터였다. 동생이 태어난 후 어머니가 내게 보이는
반응이 조금씩 달라졌고, 아버지와의 언쟁이 부쩍 늘었다.
 "한솔이를 다른 곳으로 보내면 어때요?"
 우연히 어머니가 아버지에게 하는 말을 들었을 때, 내
안의 무언가가 툭 끊어지는 걸 느꼈다.
 '동생이 태어나면 나는 어떻게 되는 걸까.'
 '나는 이 자리에 어울리지 않는 아이일까.'
 걱정이 깊어질수록 말투에 주눅이 들었고, 나는 점점
필요 이상으로 눈치 보는 아이가 되어갔다.

 어린 시절의 나를 생각하면, 마치 연속적으로 반복되는
짝짓기 게임 속에 살았던 것 같다. 빙글빙글 돌다가
구호에 맞춰 짝을 짓고 자리를 차지하는. 다시 빙글빙글
돌다가 짝을 놓치면 자리를 잃는. 잠깐 자리에 앉으면

안도하고, 자리에서 일어나면 의자를 영영 뺏길까 봐 안절부절못하는. 교회에 열심히 나가면, 성경을 열심히 읽으면, 공부를 열심히 하면, 집안일을 열심히 도우면 의자를 잃지 않고 나의 자리에 계속 앉아 있을 수 있을 거란 꿈을 품는.

헛된 희망의 게임은 오래지 않아 끝났다.

다녀오세요

열세 살엔 세 번째 어머니와 살았다.

노력이란 걸 했던가? 사랑받기 위한 노력이라는 것도 최소한의 힘이 있어야 가능한 것이었다. 존재에 대한 자신감이 완벽하게 결여된 내게는 먼저 다가가고 사랑을 기대할 힘 자체가 없었다.

같이 사는 1년 동안 한 번도 그분을 '엄마'라고 부르지 못했다. 두 동생이 엄마를 부르며 졸졸졸 따라다니는 모습을 늘 멍하니 보기만 했다. 같은 공간에서 밥을 먹고 잤지만, '엄마'라는 단어가 당연한 동생들은 나와 다른 별에 사는 존재 같았다.

새어머니는 그런 나를 못마땅해했다.
"왜 너는 엄마라고 부르질 않니?"
"저기가 뭐니, 어휴."
속으로는 수백 번 동생들을 부러워했고, 수천 번 따라 불러보고 싶었다. 하지만 새어머니가 나를 바라보는 표정을

보고 나를 부르는 말투를 들으면, 왠지 그 단어를 꺼내선
안 될 것 같은 기분이 들었다.

　아빠와 다툴 때마다 그분은 소리쳤다.
"다 너 때문이야."
　나는 왜 그 '너'가 나인 것만 같았을까. 나 때문에
싸우는 걸까? 나 오늘 무슨 실수를 했지? 두 분의 싸움이
잦아지고 커질수록 의혹과 반성의 시간은 늘었고, 나는
점점 더 작아졌다.

　7월의 어느 아침, 아빠가 출근하는 기척을 들으며
책상 앞에 앉아 있었다. 닫힌 방문 너머 아빠의 언짢은
기색이 여실히 느껴졌다. 다녀오세요, 한마디라도 하고
싶었지만 차마 방문을 열 수 없었다. 한바탕 싸움이 벌어진
직후였다. 다툼의 이유가 나였을까 하는 두려움에 선뜻
용기가 나지 않았다. 뜻밖의 불똥이 날아왔을 때의 감정을
감당할 자신이 없었다.

방과 후. 텅 빈 집에 전화가 울렸다. 전화를 받은 나는 곧장 장례식장으로 향했다. 상주 이름, 김한솔. 아버지는 출근길에 교통사고를 당했고, 한 시간 30분 후 세상을 떠나셨다.

장례식장에 있는 내내 나는 울지 않았다.
무표정의 나를 보며 주변 어른들은 말했다.
"아직 어려서 뭐가 뭔지 잘 모르나 봐."
"차라리 다행이지."
"한솔이는 참 의젓하구나. 괜찮아."
의젓해서도, 뭘 몰라서도 아니었다. 아버지는 내가 우는 걸 세상에서 가장 싫어했다. 마지막 기회에 인사 한마디 건네지 못한 후회가 사무쳐, 지금 이 시간만큼은 아빠가 싫어하는 행동을 하지 말자고 안간힘을 쓰며 참았다.

한 시간 30분.
얼마나 아프셨을까.

무슨 생각을 하셨을까.

왜 나는 아침에 문을 열지 않았을까.

다녀오세요, 끝끝내 건네지 못한 그 한마디는 그 후로도 오랫동안 명치에 걸려 나를 무겁게 했다.

세상을 떠날 때 아버지의 나이는 서른일곱. 지금의 나보다 겨우 네 살 많은 나이였다.

아버지와 나

나의 아버지를 대표하는 단어를 하나 고르라면 '허세'를 꼽겠다.

나중에 큰아빠에게 듣기론 자라면서 말썽을 참 많이 피웠다고 한다. 아버지와 띠동갑 터울인 큰아빠는 아버지에게 할아버지 대신이었다. 자잘한 문제가 생길 때마다 부모 대신 나서서 해결해주셨다. 어머니가 자신의 흘러넘치는 외로움을 감당하지 못했듯, 아버지 역시 본인도 어쩔 수 없는 불같은 성정에 평생을 방황하지 않았을까.

종종 화가 나 있는 듯한 아버지의 얼굴을 보기가 힘들어 나는 최대한 말을 섞지 않았고, 아버지가 떠난 뒤에야 아버지에 대해 훨씬 많은 걸 알게 됐다.

집에선 무뚝뚝하기만 했던 아버지는 밖에선 간도 쓸개도 다 빼주는 '사람 좋은 형', 호탕하고 멋진 사내였다. 동생들을 거느리고 다니며 술과 밥을 사고, "내가 형이니까!"를 입에 달고 살았다. 술을 마실 때마다 큰아빠에게 '나중에 돈 많이 벌어서 집을 해주겠다'는

호언장담을 사뭇 진지하게 반복했다고 한다. 그러나 돈을 많이 벌기엔 씀씀이가 지나치게 헤펐다. 1년이 멀다하고 차를 바꾸었으니 내가 기억하는 차만 몇 대가 된다. 당시 아버지는 새시sash 사업을 했는데, 필요한 화물차 대신 내가 태어난 해 기념이라며 최신형 소나타를 덜컥 들여 가족들을 놀라게 했다. 새로 산 차는 곧 쓸모가 없어져 큰아빠가 이어받아 20년 넘게 폐차 직전까지 타셨다. 호기롭게 약속한 집 대신 자동차 할부금을 형에게 남기게 될 줄, 아버지는 상상도 못 했을 것이다.

 아버지는 해병대 특수부대 출신이었고, 내가 기억하는 집은 꼭 군대 같았다. 교육, 생활 습관 등 많은 면에서 본인의 원칙을 고수했는데, 그 원칙이란 게 초등학생인 내가 감당하기엔 다소 복잡하고 엄격했다. 아버진 아버지대로 아들을 강하고 반듯하게 키우고 싶은 마음이 앞섰다. 나는 주로 기본을 지키지 않아서 혼났다. 숫자 1을 쓸 때 획을 바르게 꺾어 쓰지 않아서. 옷을 반듯하게 개어놓지 않아서. 수건을 수건걸이에 '칼각'을 맞춰 걸지 않아서. 밥을 깨끗하게 긁어 먹지 않아서. 물을 '원샷' 하지 않고 남겨서. 남자아이가 울어서. 밤 10시 전에 취침하지 않아서.

 스물셋에 부모가 된 아버지의 얼굴을 나중에 앨범에서 보았을 때, 신기하리만치 나이 들어 보이는 외모에 깜짝 놀란 적이 있다. 24시간 인상을 쓰고 다니니 얼굴이 호랑이처럼 변했다고 어린 나이에도 생각했었다. 그런 외모가 본인도 신경이 쓰였는지 내가 열한 살 때 이마에 주름 펴는 시술을 받았었는데, 얼마 안 가 주름이 다시 졌던 기억이다.
 아버지를 눈앞에 두고 나는 아버지의 마음을 자주 궁금해했다. 아빠 지금 무슨 생각을 하는 걸까. 진짜 나를 사랑하긴 하는 걸까. 아냐, 사랑하실 거야. 그런데 왜 남들과 다르게 표현하는 걸까. 하지만 묻지 못했다. 그때는 아버지를 대하는 것이 두려웠다. 얼굴의 깊은 주름도,

무뚝뚝한 음성과 말투도 무서웠다. 무섭다는 감정이 표정에 드러나면 주름진 얼굴이 더 무서워질까 봐 고개를 돌리고 생각을 숨겼다.

   하지만 지금에 와 생각해보면 무섭다는 감정도 대부분 어린아이의 오해에서 비롯된 것이었다. 미숙한 표현과 섣부른 오해가 만나 우린 계속 평행선을 달렸던 게 아닐까.

   표현이 덜했다고 해서 아버지가 나를 사랑하지 않았다고는 생각하지 않는다. 어린 부모의 서툰 사랑의 방식을 성인이 되고 나서 조금씩 헤아리며, 나는 이따금씩 타임머신을 타고 돌아가 나와 아버지를 본다. 밖에서 호기롭게 펼치던 허세를 집 안까지 가져오진 못했던 아버지. 묻고 싶은 것을 단 한 번도 묻지 못한 아들. 표현을 아낀 우리의 시간은 그 속에 영원히 멈춰, 숱한 후회와 의문의 문장들로 희미하게 남아 있다.

90분

돌아가시기 6개월 전에도 아버지는 교통사고로 한 달 가까이 중환자실에 있었다. 시속 100킬로 운행 중 사고였으니 꽤 심각한 부상이었다. 몸 여기저기 철심을 박고도 입원해 있는 내내 아버지는 단 한 번도 아프다는 말을 하지 않았다. 표정도 말투도, 출근하고 퇴근하고 밥을 먹던 여느 날과 조금도 다르지 않았다.

'이런 일은 아무것도 아니야.'

아버지의 얼굴은 언제나 이렇게 말하고 있었다. 그 영향인지 나에게도 중환자실에 있는 아버지의 모습이 그렇게 심각하게 와닿지 않았다. 그냥 아버지가 괜찮다고 하면 괜찮은 거구나 했다.

살면서 아버지를 특별히 사무치게 그리워한 적은 없지만, 시각장애인이 되었을 때 아버지 생각을 제일 많이 했다. 방 안에 꼼짝없이 누워 '상실감'에 대해 가장 많은 생각을 했고, 그 단어를 떠올리면 이상하게 아버지 생각이 났다. 아버지라면 어땠을까. 지금의 나를 보면 뭐라고 할까. 이런 일은 아무것도 아니라고 했을까. 사내자식이 이 정도 일로 운다고 화를 냈을까. 나의 청춘에 시력과 가족의 상실이 있었다면, 아버지의 삶에서 가장 큰 상실은 무엇이었을까. 그는 내가 어떤 사람이 되기를 바랐을까. 아버지에게 가족은, 나는 어떤 의미였을까.

무엇보다, 삶을 통째로 상실하기 직전의 90분 동안 대체 무슨 생각을 했을까.

병원에 실려 갔을 때 아버지는 희미하게나마 의식이 남아 있었다. 손을 움직여보라고 하자 미세하게 움직이긴 했지만 별달리 남긴 말은 없었다.
부지불식간에 찾아온, 어쩌면 영원할지도 모를 짙은 어둠 속에서 나는 아버지의 90분을 수도 없이 생각했다. 돌아오는 것은 영영 침묵뿐이었다.

어린 사랑

no. 42

아버지가 두 번째 어머니와 이혼하기 직전, 부부싸움 끝에 두 사람 다 집을 나간 어느 저녁이었다. 혼자 있는 집에 새어머니의 부모라는 분들이 찾아왔다.

"아빠 어디 갔어!"

잔뜩 성이 난 표정의 그들은 아버지가 없다는 걸 알자 집 안의 가전 가구를 모조리 박살내고 떠났다.

삽시간에 난장판이 된 집을 아연실색해서 보는데 한 가지 생각만 들었다.

'아빠가 화를 낼 텐데.'

어지럽혀진 집을 보면 화를 참지 못하는 분이었다. 아버지가 오기 전에 하나라도 치워야겠다고 생각했다. 끙끙거리며 TV를 들고 선반에 올리려는데 높이가 닿지 않았다. 이러지도 저러지도 못 하고 엉거주춤 서 있는데, 막 현관문을 연 아버지와 눈이 마주쳤다. 당황해서 TV를 놓치는 바람에 발이 찢어졌다. 피가 흘렀지만 아픈 줄도 몰랐다. 겁먹은 나를 아버지는 말없이 방 안으로 데리고 가 약을 발라줬다.

'왜 화를 안 내지?'

숨죽이고 아버지의 정수리를 보면서 혼내지 않는 아버지가 이상하다고 생각했다.

두 번째 어머니는 나를 할머니네로 보내고 싶어 했다. 나는 그날의 싸움이, 아버지가 나를 지키기 위한 나름의 몸부림이었으리라 미루어 짐작만 할 뿐이다.

아버지의 애정 표현은 그날의 기억처럼 말이 없고 투박했다. 보이는 게 중요한 아버지는 외모 치장에 관심이 많았다. 앨범 속 모습만 봐도 부분 염색, 빨간 구두, 금목걸이 등 패션이 범상치 않다. 본인만큼 나를 꾸며주는 것도 좋아했다. 아버지의 돌봄을 나는 수북이 쌓인 옷가지들로 기억한다. 자고 일어나면 방 한 귀퉁이에 옷이 무덤처럼 쌓여 있는 날이 많았다. 연두색, 파란색, 빨간색, 알록달록한 티셔츠에 찢어진 청바지, 면바지, 운동화, 단화…. 색도 디자인도 다양한 옷과 신발들이 아버지처럼

말없이 누워 있었다. 자고 있는 아빠를 깨워서 이거 제 거
맞아요? 물을 용기도 난 없었다. 물어보면 또 호랑이처럼
화를 낼까 봐, 그냥 내 것이겠거니 하고 조용히 챙겨서
입고 신곤 했다.

 겁도 눈물도 유난히 많았던 난 아버지의 거침없는
행동들이 조금은 버겁고 조금은 부러웠다. 현관 열쇠를
잃어버렸다고 4층 집 건물 외벽을 타고 창문으로 들어가는
모습을 나는 그저 조마조마하며 지켜봤다. 내가 기억하는
모든 순간에 아버지는 단 한 번도 주저하는 모습을 보인
적이 없다.
 그런 아버지에게, 자주 쭈뼛거리고 주눅 들고 우물거리는
나는 꽤나 답답한 아들이었을 것이다.
 아들을 강하게 키우고 싶은 마음은 늘 다그치는 말로
튀어나왔다.

 "왜 못 해!"

"왜 안 해!"

"남자는 뭐든 할 줄 알아야 되는 거야!"

"남자면 이 정도는 참아야지!"

아버지는 중간이 없었다. 여행을 가야겠다 마음먹으면 가족을 데리고 사흘이고 나흘이고 내키는 대로 전국 일주를 돌았다. 어딜 가든 상관없었지만 아버지와 물가에 가는 것만큼은 끔찍이 싫었다. 계곡에서 조심조심 발을 넣었다 뺐다 하는 나를 아버지가 번쩍 들어 올려 물속으로 집어던졌기 때문이다. 팔뚝 맞기 게임도 싫어했다. 다짜고짜 "팔뚝 맞기 게임 할래?" 하고는 그 우람한 팔뚝으로 어린 아들의 팔을 인정사정없이 내리쳤기 때문이다. 그게 아버지의 놀이 방식이었다. 가끔 기분이 좋을 때면 자기 가슴을 만져보라고 시키고는 딱딱한 근육을 울룩불룩 움직이며 내가 신기해하는 모습을 흐뭇한 표정으로 바라보기도 했다.

표현이 없던 내가 딱 한 번, 뭔가를 갖고 싶다고 한 적이 있다. 세 번째 어머니와 살던 시절이었고, 그 집에서 뭘 요구한 건 그게 처음이자 마지막이었을 것이다. 자전거였다. 자전거가 왜 그렇게 타고 싶었는지는 기억 안 나지만, 꽤나 간절했던 모양이다. 마루에서 들릴 듯 말 듯 우물쭈물 자전거를 타고 싶다고 말했고, 딱 잘라 거절하는 새어머니의 말을 뒤로하고 침울해진 채로 학교를 갔다.

  그 후 며칠 뒤. 대낮에 집 앞 공터에서 놀다가 저 멀리서 무언가를 끌고 걸어오는 아버지를 보았다. 내 기억 속에서 아버지를 가장 오랫동안 바라본 순간이다. 조금씩 가까워지는 아버지와 자전거를 보며 무슨 생각을 했는지, 어떤 기분이었는지는 전혀 생각나지 않는다. 그저 먼발치서 자전거를 끌고 걸어오는 아버지의 모습이 슬로우 영상처럼 남아 있을 뿐이다.
  아마 그날도 아버지는 내게 '이 자전거 네 것'이라는 말을 하지 않았을 것이다. 나 역시 고맙다는 말을 하지 않았다.

2005년 5월 5일. 나의 마지막 어린이날이었고, 아버지가 세상을 떠나기 두 달 전이었다.

표현을 아낀 우리의 시간은

그 속에 영원히 멈춰,

숱한 후회와 의문의 문장들로

희미하게 남아 있다.

아버지의 유산

아버지가 말하는 남자다움은 모든 것에서 1등을 하는 것이었다. 울지 않는 것, 뭐든 도전하는 것, 놀이기구를 씩씩하게 타는 것, 잘 달리는 것. 열한 살엔 나를 학교 운동장으로 데리고 가서 맨발로 함께 달리기를 했다. "아빠 하는 거 잘 봐" 하고는 앞서서 쌩쌩 달리고, "아빠 하는 거 잘 봐" 하고는 철봉을 휙휙 돌았다. 철봉에 매달린 아빠는 기계체조 선수 같았다. 물고기를 잡으러 가면 수중의 물고기 씨를 다 말릴 기세로 그물과 막대를 들고 온 계곡물을 휘저었다.

그럴 때마다 나는 언제나 그에게서 심리적으로 열 발짝쯤 물러서 있었다. 어쩌면 동경이라는 걸 했던가. 솔직히 그런 순간도 있었다. 매사 에너지가 넘치고 겁 없는 아버지를 보면서 '크면 나도 저런 용기가 생길 거야'라는 생각을 가장 많이 했으니까. 아버지의 철칙에 따르면 나는 남자답지 못하고 조심성만 많은 아이라서, 모든 순간 구체적인 설명 없이 '남자답기'만 한 아버지가 아득히 멀게 느껴졌다.

남자다움에 대한 정의를 스스로 내릴 줄 아는 어른이 되고 나서는, 한번씩 나보다 어린 아버지를 다시 만나는 상상을 한다. 타임 슬립 버튼이 있어 여덟 살로 돌아간다면 지금의 나는 그때보다 더 잘할 수 있을 텐데, 생각한다.

  아버지가 떠난 뒤에 알게 된 아버지는 표현에 서툰 남자였다. 어린 나이에 보호자가 되어 아빠 노릇을 어떻게 해야 할지 갈피를 못 잡고 허둥대는 외로운 부모였다. 혼란스러우면 분노를 폭발하며 회피하는 다혈질의 사내였다. 여덟 살의 내가 '좀 더 크면 용기가 생기겠지' 했던 것처럼, 아버지도 '애가 좀 더 크면 내 마음을 알겠지' 했을 것이다. 뭐든 도전하라고 했지만, 실은 당신도 많은 순간으로부터 도망쳤을 것이다.
  나는 그런 아버지에게 더 많은 것을 묻고, 더 많은 도움을 청하고, 더 많은 것을 함께하자 할 것이다.

  아빠, 이건 어떻게 풀어야 할까요?

아빠, 저도 철봉 잘하고 싶은데 같이 나가서 해볼까요?
아빠, 어떻게 하면 물고기를 그렇게 잘 잡아요?
아빠, 저 요즘 고민이 있는데 들어주실래요?
아빠, 제 옷 어때요?

적극적이고 씩씩하고 운동도 공부도 잘하고 멋도 잘 내는 아들을 바랐던 아버지는 그런 나의 말을 뿌리치지 않았을 것이다. 아니, 엄청나게 좋아했을 게 분명하다.
그랬다면 우리의 역사는 다르게 적히지 않았을까.

가끔 누군가와 신경전을 벌이다가 울컥 화가 나서 대화를 차단해버리고 싶을 때, 반사 신경처럼 떠오르는 말이 있다.
'이게 끝일 수 있어.'
마음이 상해 문을 쾅 닫고 거리를 나섰다가 그길로 사고가 날 수도 있다. 한 시간 후, 24시간 후 내가 아무 변함 없이 살아 있고 내 곁의 사람들을 언제까지나 볼 수 있을 거라 장담한다는 건, 적어도 내 삶에선 명백한

오만이다.

  내일이 당연하지 않다는 사실을 떠올리면, 눈앞의 사람을 내버려두고 문을 닫고 싶은 충동이 순식간에 잦아든다. 더는 내 삶에 묻지 못한 말, 하지 못한 말, 건네지 못해 후회하는 말이 남지 않길 바라기 때문이다.

  뭐든 망설임이 없는 아버지였지만, 죽음 앞에서까지 망설임이 없진 않았을 것이다. 아마 아버지도 남들처럼 팔십쯤은 살겠거니 생각했으리라. 유년 시절 내게 남은 모든 혼란은 나와 나중에 천천히 풀 숙제로 남겨두었으리라.

  나중에.

  나는 이것이 당연하지 않다는 사실을 머리가 아닌 몸으로 안다. 그 사실을 분명하게 안다는 것이, 어쩌면 아버지가 내게 남긴 가장 값진 유산일 것이다.

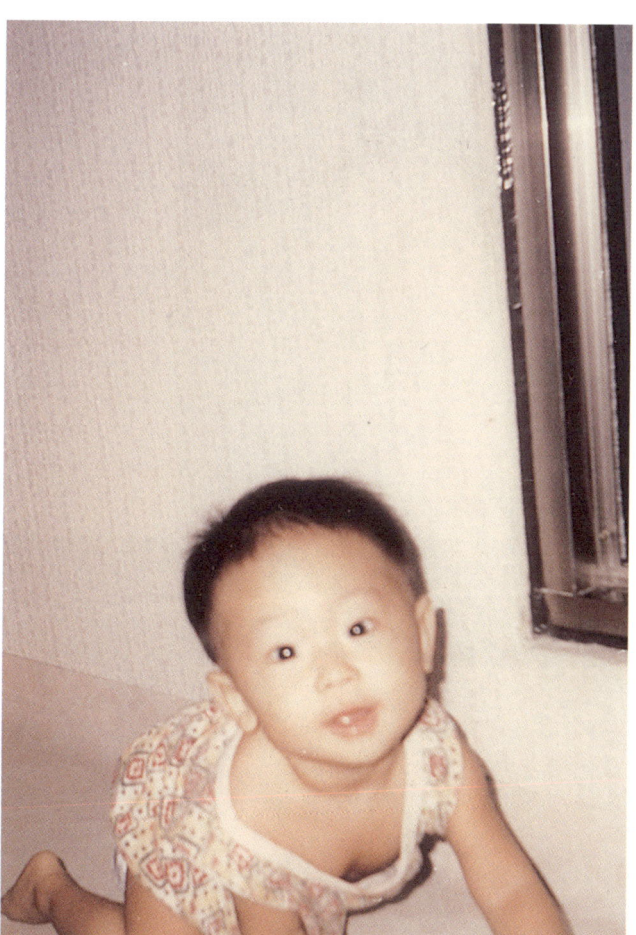

여덟 살의
한솔에게

가끔, 말이 없던 너를 만나

위로해주고 싶을 때가 있어.

엄마가 떠난 그날부터

세상은 전보다 조금 더 조용해졌고,

사람들이 괜찮으냐고 물을 때마다

넌 자꾸 웃는 표정을 지어야 했지.

사실 괜찮지 않은데,

너는 그 말을 가슴속에만

꾹꾹 눌러두고 있을 거야.

말하지 않는 게 어른스러운 거라며.

말해도 소용없다며.

하지만 그렇게 조용히 참기만 하는 게

꼭 좋은 것만은 아니더라.

너의 말에 귀 기울여주는 사람이 나타날 거야.

말하지 않아도 알아주는 사람이 나타날 거야.

그리고 나의 행복은

말을 꺼낸 순간부터 시작되었어.

앞으로도 너에겐

'왜 나만 이럴까'라고 생각되는 순간들이

많이 찾아올 거야.

그리고, 그게 너를 더 단단하게 만들 거야.

너는 이상하거나 잘못된 아이가 아니야.

그저 남들과 조금 다른 시간을 건너고 있는

평범하고 연약한 아이일 뿐이야.

나중에 너는 새로운 가족을 만나게 될 거야.

너의 눈물을 말없이 받아주고,

말하지 않아도 너의 마음을 살펴주는 진짜 가족을.

그리고 너 역시,

한 생명을 책임지는 보호자가 될 거야.

제법 든든하고 멋진 보호자가 된 너를 상상해봐.

지금 네가 조용히 참아낸 마음들,

시간들이 다 무의미하지 않다고 말해주고 싶어.

그 시절의 너도, 지금의 나도,

충분히 잘 살아내고 있어.

그러니까, 고개 들고 살아.

나는 언제까지나 너를 사랑할 거야.

- 너보다 조금 먼저 자란 한솔이가.

2부

돌아오는 집

큰아빠

아버지의 장례식에서 가장 인상 깊게 남은 기억은 하염없이 울던 큰아빠의 얼굴이다. 큰아빠가 우는 걸 나는 그때 처음이자 마지막으로 보았다. 할머니와 할아버지는 충격을 받으실까 봐 장례식장에 부르지 않았다. 자신보다 열한 살 많은 큰형을 아버지는 어릴 때부터 많이 따랐다고 한다. 그가 유일하게 무서워한 사람도, 유일하게 마음을 기댄 사람도 큰아빠였다.

장례식장엔 조문객이 끊임없이 들었고 3일장은 5일장이 되었다. 화장터를 향하는 버스 안에서 잠깐, 난 어디에서 살게 될까 생각했다. 세 번째 어머니는 나와 영원히 함께할 수 없다는 것을 직감할 수 있었다. 장례가 끝나고 얼마간은 나의 거취를 둔 친척들의 의논이 이어졌고, 결과적으로 나는 큰아빠네에 가게 되었다. 처음엔 고모가 맡겠다고 했지만, 맏이인 자신이 책임지는 것이 더 마음 편하다고 설득하셨다고 한다.

큰아빠 댁은 영등포에 위치한 작은 구축 아파트였다. 아담한 거실에 방 두 개가 딸린 집엔 형과 누나, 작은 강아지 한 마리가 살고 있었다. 아버지와 몇 번 다녀간 기억은 있지만 앞으로 지낼 곳이라고 생각하니 집도 형도 누나도 모두 낯설고 어색했다.

나를 차에 태우고 집으로 갈 때 큰아빠는 말씀하셨다. 어른에게 '설명'이라는 걸 처음 듣는 순간이었다.
"아빠가 돌아가셨으니 이제 큰엄마랑 큰아빠가 너를 키울 거야. 큰아빠는 이 집에서 큰형이니까. 같이 살면서 네가 서운한 날이 있을 수도 있고, 형 누나 들과 똑같이 못 대한다고 느낄 수도 있어. 그래도 큰엄마와 큰아빠는 네가 그렇게 느끼지 않게 최선을 다할 거야."
이날 내게 해준 말씀이 다는 기억나지 않지만, 큰아빠는 내가 형과 누나 사이에서 소외감을 느끼는 것이 가장 염려되는 눈치였다. 그리고 이날부터 지금까지, 큰아빠가 염려한 순간은 단 한 번도 오지 않았다.

사랑을 의심한 시간

큰아빠네에 들어간 후로도 한동안은 머릿속에 걱정이 가득했다. 나로 인해 이 집에 또 없던 불행, 없던 분란이 생기지 않을까 하는 두려움이 가시지 않았다.

가장 적응이 안 된 건 식사 시간이었다. 가족 모두가 식탁에 모여 앉아 사사로운 일상 이야기를 주고받으며 밥을 먹는 시간. 지극히 평범한 그 시간이 내겐 그렇게 낯설고 어색할 수가 없었다. 내 손으로 밥을 챙기지 않아도 된다는 것도, 평온한 표정과 평온한 목소리도 모두 생경했다. 조금은 겉도는 마음으로 손님처럼 앉아 밥을 먹으며, 오래전 친구네 집에서 밥을 먹던 순간이 생각났다. 그때 그 집에서 사무치게 부러워했던 평화로운 온기가 큰아빠네에 있었다. 좋았지만 도무지 내 것 같지가 않았다. 이 평범한 시간이 내게 언제까지 허락될까. 아버지가 준 옷과 자전거처럼 자연스럽게 내 것이겠거니 받아들여도 될까.

친척들은 큰아빠가 엄격하다고 했지만 나에겐 지극히 자상하고 어른스러운 분이었고, 큰엄마도 더없이 배려심

넘치고 다정한 분이었다. 하지만 그런 두 분의 따뜻함을 처음부터 자연스럽게 받아들이지는 못했다. 그 시절 나는 누군가의 친절이 부담스러웠다. 나를 다정하게 대하는 사람을 보면 나도 모르게 딸각, 경보가 울렸다.

'왜 나한테 잘해주지? 무슨 꿍꿍이야?'

호의를 의심하고 싶었던 건 아니지만, 마음 한구석에서 나도 어쩔 수 없는 의구심이 꿈틀댔다. 아무 이유 없이 타인의 호의를 받을 자격이 내게는 없다는 믿음이 컸던 것 같다.

감기에 걸려 하루 종일 끙끙 앓던 어느 날, 큰엄마는 조용히 내 이마에 손을 얹더니 말했다.

"아프면 말해도 돼."

그 단순한 한마디에 눈물이 왈칵 터졌다.

내가 누군가의 관심을 받을 때마다 의심하고 어색해하고 죄책감을 가졌던 건 사랑받는 일에 익숙하지 않아서였다. 사랑을 고작 생존을 위한 조건처럼 여기던 시절을 지나오다

보니, 무조건적인 애정이 어쩐지 내겐 낯설고 불편한 일이
돼버린 것이다.

  큰엄마와 큰아빠는 내게 지속적으로 학교에서 별일이
없었는지, 같이 살면서 불편한 부분은 없는지 물으셨다.
몸과 마음의 상태를 시시때때로 살피고, 내 손을 잡고
시장에 데려가 이곳저곳을 구경시켜주셨다. 나는 조금씩
마음속에 고인 말을 꺼내기 시작했다. 말을 꺼내고,
돌아오는 반응에 안심하고, 그 간격이 하루하루 짧아지는
것을 느끼며, 이곳이 나의 안전한 자리일지 모른다는
믿음이 조용히 싹터갔다.

화해

어릴 땐 머릿속에 해결되지 않는 '왜?'가 가득 들어차 있었다.

    엄마는 왜 매일 술을 먹지?
    아빠는 왜 집에 없지?
    왜 이렇게 감정이 오락가락하지?
    왜 갑자기 화를 내지?

첫 번째 어머니가 왜 집을 나갔는지, 두 번째 어머니는 왜 갑자기 같이 살게 되었는지, 왜 갑자기 변했는지, 왜 이혼했는지… 모든 연속적인 사건 속에서 나는 혼자서 눈치껏 예측하고 추측하고 정리해야 했다. 불안과 혼란을 거듭 삼키며 수없이 생각했다. 이 이야기의 끝은 대체 어디일까. 그때의 영향으로 나는 지금도 설명이 안 되는 복잡한 관계를 극도로 싫어한다.

큰엄마와 큰아빠는 그와 정반대의 어른이었다. 아무리

작고 사소한 일이라도 내가 알아들을 때까지 아주 구체적으로, 정성껏 설명해줬다. 오해나 추측이 쌓일 틈을 주지 않았다. 지금 당장의 일뿐 아니라 과거로부터 켜켜이 쌓여온 마음의 공백까지 채워주셨다. 내가 모르는 아버지의 이야기를 들려주며 큰아빠는 "부모 마음은 다 그런 거야" 같은 말을 자주 하셨고, 사랑받고 인정받고 싶은 마음이 큰 내게 큰엄마는 "나는 네가 좋아하는 일을 하면서 살았으면 좋겠어" 같은 말을 자주 하셨다. 큰아빠가 아니었다면 나는 지금만큼 아버지를 이해하지 못했을 것이다. 큰엄마가 아니었다면 나는 훨씬 더 오랫동안 나보다 남의 눈치를 살피며 살았을 것이다. 나는 두 분 덕분에 아버지와, 그리고 세상과 오랜 시간에 걸쳐 화해할 수 있었다.

〈1박 2일〉과 사또통닭

큰아빠네 집은 방이 두 개였고, 나는 큰엄마 큰아빠, 강아지와 거실에서 지냈다. 지금 생각하면 그 작은 거실에서 어떻게 세 사람이 지냈을까 놀랍기만 하다. 3평 남짓의 그 공간이 당시 내겐 우주보다 넓고 아늑한 품이었다.

 처음 같이 잠을 자기 시작했을 때 큰아빠와 큰엄마에게는 꼭 해결해야 할 미션이 하나 있었다. 내가 이를 너무 심하게 갈았기 때문이다. 그때 나뭇가지 사이에 돌을 끼워놓으면 이를 안 간다는 미신이 있었다. 우리는 같이 화원에 가서 가지가 적당히 벌어진 나무를 사고, 오는 길에 돌을 주워 왔다.
 "한솔이 이제 이 안 갈게 해주세요."
 가지 사이에 돌을 끼워 넣으면서 우리는 눈을 마주치고 웃었다. 물론 그 후로도 이는 계속 갈았다.

 우리는 매일 이불 속에서 일일 드라마를 같이 보고

잠들었다. 〈1박 2일〉이 방영되는 날엔 특별히 많이 웃었다. 가장 특별한 날은 사또통닭을 시켜 먹는 날이었다. 통닭을 먹을 때면 꼭 사다리 게임 내기를 했다. 신문지를 깔고 버너에 삼겹살을 구워 먹는 날은 그야말로 파티였다.

아무 일이 없는 하루하루가 지나갔다. 함께 〈1박 2일〉을 보고 웃고 떠들고 통닭을 시켜 먹고 삼겹살을 구워 먹는 것이 유일한 사건인, 낯설고 안온한 일상이 한 달 두 달 이어졌다.

언젠가 누군가, 큰엄마네를 처음 가족으로 느낀 순간이 언제냐고 물었다. 내 삶이 무난하다고 느낀 순간부터였다. 내가 남들과 다르지 않다고 느낀 순간부터였다. '이곳에서 생존하려면 내가 뭘 해야 하지'를 더 이상 계산하지 않아도 되는 순간부터였다.

큰엄마와 큰아빠는 언제나 형과 누나를 대할 때와 똑같은 말투와 표정으로 나를 대했다. 더 엄격하게 굴지도,

특별 대우를 하지도 않았다. 한 번도 이 집에서 내가
배제되고 있다는 느낌을 받게 하지 않았다. 모든 상황 모든
순간에 '우리와 너'가 아니라 그냥 '우리'로서 대해줬다.

　누군가의 예상치 못한 반응에 당황하고 겁을 먹는 일도
없었다. 두 분의 말과 반응은 언제나 예측 가능한 범위
내에 있었다. 삶이 무난하다는 감각. 예측하지 않아도 되는
하루. 같은 상황에서 같은 느낌을 받는 일이 반복되면서,
나는 그들이 주는 사랑을 비로소 어색하지 않게
받아들였다.

　자존감이 무너진 아이를 구하는 데 대단히 거창한
힘과 사건은 필요하지 않다. 〈1박 2일〉과 사또통닭, 같이
나무를 사러 가고 웃으며 서로의 어깨를 두드려주는
평범한 시간들이, 그 시기의 아이가 누릴 수 있는 행복의
최대치라고 나는 확신한다.

큰엄마

큰엄마와 큰아빠는 등산을 좋아한다. 특히 큰엄마가 자연을 엄청 좋아한다. 주로 관악산을 다녔고, 두 분의 등산을 따라다니는 건 나와 강아지 둘뿐이었다.

신나서 따라나서놓고는 산을 오르는 내내 힘들다고 종알거렸다.
"다리 아파요."
"너무 더워요."
"언제 밥 먹어요?"
"밥 어디서 먹어요?"
"언제 내려가요?"
"오늘은 어디까지 가요?"
등산 루틴은 늘 같았다. 약수터에서 물을 마시고, 정상에서 컵라면과 커피를 먹고, 내려가면 꼭 갈빗집을 갔다. 가을이면 은행을 따거나 도토리를 줍는 시간이 추가됐다. 큰엄마는 도토리 줍기에 진심이었다. 등산이 목적인지 도토리 줍기가 목적인지 헷갈릴 정도였다. 주워

온 도토리로 묵을 해주셨다.

큰엄마는 내가 만난 사람들 중 '김한솔 조련'에 가장 탁월한 분이다. 모든 교육을 나의 성향과 기질에 맞춰서 해줬고 효과는 백발백중이었다. 공부하라는 말 대신 '백점 맞으면 만 원' 같은 내기를 거는 식이었다. 승부욕이 있던 나에게 그 전략은 적중했다. 매일 공부 못한다고 혼났던 나는 큰엄마네에 가고 몇 달 안 돼서 반에서 1등을 했다. 아버지가 돌아가시고 처음으로 아버지가 보고 싶어진 날이었다. 숫자를 왜 그렇게 쓰냐, 연필 똑바로 쥐어라, 왜 이것도 못 푸냐 혼내던 아빠에게 의기양양하게 외치고 싶었다. 기죽이지 않고 믿고 기다려주니 내가 1등을 했다고.

가끔, 형과 누나보다 내가 큰아빠 큰엄마와 더 닮았다고 느낄 때가 있다. 큰아빠의 원리원칙주의가 나와 비슷하다면, 큰엄마와 나는 수다 기질이 닮았다. 큰엄마는 그때도 일을 하셨는데, 나는 한번씩 퇴근 시간에 맞춰 큰엄마가 다니는 회사 앞으로 갔다. 퇴근하고 나오는 큰엄마에게 달려가면 큰엄마는 웃으면서 회사 동료들에게 나를 소개했다.

  손을 잡고 시장을 걸으면서 우리는 떠오르는 말을 두서없이 주고받았다.

  "오늘 저녁 뭐 먹어요?"

  "뭐 먹고 싶어?"

  "호떡 먹을까요?"

  "만두도 사 가자."

  "꽈배기 사요, 안 사요?"

  그날그날의 경험과 기분을 큰엄마와 공유하는 것이 좋았다. 우리의 시장 데이트는 내가 장애인 시설에 들어갈 때까지 계속되었다.

〈오직 그대만〉

희귀병 진단을 받고 입원과 통원을 반복할 때, 큰엄마와 큰아빠는 내게 말 그대로 산이었다. 나만큼, 아니 나보다 더 걱정해주는 존재가 있다는 게 그때까지만 해도 얼떨떨하고 감사했다. 부모라도 이렇게까지는 못 해주지 않을까 생각하곤 했으니까. 큰아빠는 매일 눈만 마주치면 물었다. 지금은 어떻게 보이냐, 얼마나 보이냐…. 눈앞에 안경을 대고 이리저리 굴절시키며 이렇게 하면 더 보일까, 저렇게 하면 더 보일까, 실낱같은 희망을 붙잡듯 묻고는 했다. 늘 태산처럼 우뚝 서서 괜찮다고 다독여주던 큰엄마는 가망이 없다는 의사에 진단에 섧게 우셨다. 내 생애 가장 절망적인 순간에, 내 생애 가장 기적 같은 행운이 곁에 있었다.

시력을 잃고 방 안에 꼼짝없이 누워만 있는 나날이 계속됐다.
어느 저녁, 큰엄마가 문을 열고 말했다.
"우리 영화 보러 가자!"
조금 놀랐다. 큰엄마도 영화관을 갈 수 있는 사람이구나.

영화관 가자고 할 때마다 "나는 봐도 잘 모른다"며
거절하던 큰엄마였다.
　　큰엄마의 마음을 모르지 않았다.
　　"괜찮을까요?"
　　"그럼."
　　그렇게 큰엄마, 누나, 나, 세 사람이 처음으로 영화관을
갔다. 집에서 영화관은 세 정거장 거리였는데, 큰엄마가
한 정거장은 걸어서 가자고 했다. 연습을 시켜주려는
마음이었을 것이다.

　　내가 방 안에 누워서만 지내는 동안 큰엄마는
시각장애인을 안내하는 법을 배웠다. 안내법대로라면
내가 큰엄마의 팔꿈치를 잡도록 해야 했지만, 큰엄마는
영화관에 도착할 때까지 내내 손깍지를 꼈다. 함께 시장을
보고 등산을 다니던 여느 날처럼.
　　"기분이 어때?"
　　"바람이 어때?"

큰엄마는 몇 걸음에 한 번씩 내게 말을 걸었다.

나는 알았다. 큰엄마는 내가 그 순간을 '평범하게' 받아들이게 하려고 애쓰고 있었다. 이것저것 얘기하고 묻는 큰엄마의 목소리는 시종일관 밝고 태연했다. 달라진 건 아무것도 없다는 듯이. 그저 딱 하나, 눈이 안 보이게 되었을 뿐이라는 듯이.

공교롭게도 우리가 볼 영화는 〈오직 그대만〉, 시력을 잃어도 긍정적으로 살아가는 인물의 이야기였다. 특별한 의도가 있었는지, 그냥 시간이 맞아서 본 건지는 모르겠다. 영화 내용은 잘 기억나지 않지만, 그날의 나들이야말로 내겐 영화의 한 장면처럼 남아 있다.

돌아오는 길은 집까지 걸었다. 영화엔 아무 취미도 없는 큰엄마, 눈이 보이지 않는 나, 말수 적은 누나. 세 사람이 처음으로 함께 영화를 봤고, 돌아오는 내내 셋 다 영화에 대해서는 한마디도 하지 않았다.

최근 친구와 큰엄마네에 갔을 때, 누나 방에서 친구와 누나가 나누는 대화를 들었다.

   "이거 한솔이랑 처음 영화관 가서 본 영화야."

   말이 없는 누나는 묻지 않은 말을 먼저 하는 경우가 거의 없었기에 그 모습이 생경하게 느껴졌다. 나중에 친구에게 "네가 물어봤어?" 물으니 친구가 말했다.

   "아니. 그냥 방에 있는데 갑자기 DVD를 꺼내서 보여주던데?"

   누나의 책장에 꽂힌 DVD는 〈오직 그대만〉 단 한 장뿐이었다고 한다.

우린 언제든 어딜 가든

누가 먼저랄 새도 없이 손깍지를 낀다.

김종순 아줌마

큰엄마에겐 거의 20년 지기 막역한 이웃사촌이 있다.
이틀에 한 번꼴로 집에 놀러 왔던 그 아주머니네 부부는
볼 때마다 유쾌하고 쾌활했다. 장난기가 많으셔서 첫
만남부터 나에게 장난을 쳤다.
"이 아줌마 사실은 네 고모야. 이름은 김종순."
큰아빠 이름은 '김종만'이고 큰집은 '종' 자 돌림이다.
나는 꽤 오랫동안 그분을 고모로 알았다.
같이 밥을 먹고 웃고 떠드는 시간이 많았지만,
중학생이었던 나는 사실 그 아주머니를 보는 것이 조금
불편했다. 장애인이었기 때문이다.

두 분 모두 다리가 불편하셨다. 아저씨는 의족을 끼고
다니시고 아주머니는 한쪽 다리가 없어 휠체어를 타고
다니셨다.
'저 아줌만 왜 다리가 없지.'
'생활하기 얼마나 힘드실까.'
'자식들은 어떡해.'

아주머니 앞에서는 내가 느끼는 감정을 들켜선 안 될 것 같았다. 연민? 미안함? 슬픔? 나조차도 해석이 안 되는 복잡한 감정들에 알 수 없는 죄책감이 들었다.

어느 오후, 친구들과 횡단보도 앞에 서 있는데 건너편에 휠체어를 타고 있는 아주머니가 보였다.

덜컥 겁이 났다.

'아줌마가 나를 아는 척하면 어쩌지?'

신호가 바뀌고 조마조마하며 아주머니를 못 본 체 지나갔고, 아주머니도 말없이 내 옆을 스쳐 가셨다. 내가 곤란할까 봐 모른 척 배려해주신 마음이었을 것이다.

어쩌면 아주머니의 모습을 보며, 평범하지 않음을 부끄러워했던 어린 시절의 감정을 마주했는지도 모르겠다. 큰엄마네에서 넘치는 사랑과 행복을 배우면서도 난 여전히 익숙한 두려움에서 도망치는 겁쟁이였다.

아주머니와의 관계가 백팔십도 바뀐 건 내가 장애를 얻은 뒤부터였다. 처음 뵌 날부터 그때껏 두 분의 성격이며 생활이며 부부 사이며 나를 대하는 태도까지 변한 것은 아무것도 없었다. 변한 건 내 생각뿐이었다. '힘들겠다', '어떡하지' 같은 불편한 걱정들은 깡그리 사라지고 '와, 아줌마 아저씨 엄청 잘 사시는 거였네…', '대단하신 분들이었네'라는 감탄과 존경이 우러나왔다.

그 무렵부터 나는 아주머니에게 스스럼없이 말을 걸었다.

"두 분은 어떻게 만났어요?"

"어쩌다 다치셨어요?"

우리는 큰엄마와 셋이서 산책도 하고 밥도 먹으며 평범한 일상을 함께했다. 아주머니와 아저씨가 같이 모여 이야길 나누면 시간 가는 줄을 몰랐다. 두 분은 이제껏 내가 본 누구보다 재치가 넘치는 이야기꾼이다. 아저씨는 철물점을 하시고, 의족을 낀 발로 자전거도 자동차도 잘 모신다. 늘 유쾌하고 활동적인 두 분에게 신체장애가 인생의 장애물로 보인 적은 없었다. 못 갈 곳도 없었고 못 할 것도 없었다. 오히려 아주머니는 그때나 지금이나 동네에서 최고로 발이 넓은 '파워 인싸'다.

두 분을 생각하면 함께 자전거를 타고 가는 뒷모습이 떠오른다. 아주머니를 뒷자리에 태우고 교회며 친구 집이며 데려다주는 아저씨를 길에서 자주 보았기 때문이다. 등 뒤를 보면서도 두 분이 웃고 있다는 걸 알 수 있었다. 내 기억 속 몇 안 되는 '예쁜 부부'의 모습이었다.

  오늘도 내일도 아주머니와 아저씨는 자전거를 타고 농담을 주고받으며 거리를 바쁘게 활보할 것이다. 아저씨가 아주머니를 교회로 데려다주면, 아주머니는 아저씨를 위해 기도할 것이다.

  사라진 발보다 더 중요한 것을 아는 이들의 표정이 있다. 나는 그 얼굴을 두 분에게서 보았다.

독립

스무 살에 맹학교로 옮기며 나는 다시 고등학교 1학년이 되었다. 입학과 함께 장애인 생활 시설에 들어가게 되어 자연스럽게 큰아빠네에서 독립했다. 이 시기에 내 꿈은 멋지게 자립한 모습을 두 분에게 보여드리는 것이었다. 눈이 보이지 않아도 당당하게 잘 일어날 수 있다는 걸 보여드리고 싶었다.

장애인 시설에 들어가자마자 부지런히 장학금 받는 루트를 알아냈다. 학교를 다니면서 독립에 필요한 경비와 절차를 공부했고, 원룸 보증금 3천만 원을 모을 때까지 시설을 절대 떠나지 않기로 마음먹었다. 고등학교를 졸업하고도 시설에 남은 학생은 나뿐이었다. 대학에 들어가선 대회란 대회는 닥치는 대로 다 나갔다. 장학금, 후원금, 대회 상금을 받으면 한 푼도 쓰지 않고 예금으로 묶어두었다.

그렇게 7년 만에 3천만 원을 모아서 2019년 8월 신림동의 보증금 3천에 월세 35만 원짜리 원룸을 얻었다.

원룸에 들어갈 때도 이미 새로운 목표가 있었다. 1년 후에 청년주택으로 가는 것. 오래지 않아 을지로의 청년주택으로 이사했다.

내가 이 모두를 계획하고 성취할 수 있었던 것도 모두 큰엄마와 큰아빠 덕분이다.

큰아빠는 늘 말씀하셨다. 돈을 허투루 쓰지 마라, 꼭 필요한 일에만 써라, 하지만 베푸는 데는 아끼지 마라, 그렇다고 너 먹는 데 아끼면 안 된다, 너 먹는 데도 아끼지 말고, 남이 먹는 데도 아끼지 마라. 정작 큰아빠는 자신이 드시는 것에만 아꼈다.

큰엄마와 나는 매일 저녁 함께 용돈기입장을 썼다. 백 원이든 천 원이든 들어오고 나가는 돈을 빠짐없이 체크하고 기록하면서 자연스럽게 계획적으로 지출하는 습관이 몸에 배었다.

예상보다 이른 독립이었지만, 큰아빠와 큰엄마는

이때에도 이후로도 중요한 결정을 할 때마다 항상 나를 믿고 맡겨주셨다.

"네가 좋으면 됐지."

무언가를 하고 싶다고 하면 반대하는 법이 없었고, 넉넉지 않은 형편에도 가고 싶은 학원을 전부 보내줬다.

딱 한 번, 시력을 잃고 유튜브를 시작한다고 했을 때 큰아빠는 조금 탐탁지 않아 하셨다. 장애가 있으니 공무원이나 교사 같은 안정적인 직업을 갖길 원하셨던 것 같다. 그 마음을 모르지 않기에 나는 두 분에게 배운 대로 나의 모든 계획과 생각을 아주 세세하게 설명한다. 지금의 내 상황이 어떤지, 1년 후에 무엇을 이루고자 하는지, 5년, 10년 목표가 무엇인지 변화가 있을 때마다 들려드린다. 걱정이 끼어들 틈이 없도록.

나의 계획은 언제나 구체적이고 변화가 많고, 두 분이 내게 원하는 건 언제나 단순하고 한결같다.

"너 하고 싶은 일을 재밌게 해."

"무엇보다 중요한 건 건강이야. 잘되고 성공하는 것도 좋지만 건강을 잃으면 다 소용없는 거야."

"우리 걱정은 할 거 없고 너나 걱정하고 너나 잘 살아. 네가 잘 살면 우린 그걸로 충분해."

아이를 양육하는 가장 큰 목적은 아이가 자립할 수 있게 돕는 거예요. 언젠가 이 말을 TV에서 들었을 때, 새삼 두 분에게 감사하다는 생각을 했다. 두 분이 내게 달아준 날개의 크기를, 나는 아직 다 모를 것이다.

이제 제 차례예요

어릴 적, 함께 웃고 지내는 시간들이 쌓이면서 나는 여느 중학생들과 다를 바 없는 아이가 되었다. 적당히 철없고 적당히 까불거리는.

초등학생 때도 하지 않던 조르기도 종종 했다.

"큰엄마! 저 공부 열심히 했으니까 옷 사주세요!"

"큰엄마! 저도 메이커 갖고 싶어요."

큰엄마는 시험 기간이 끝나면 한 번씩 나를 데리고 구로 가리봉 아울렛 매장에 가서 옷을 사줬다. 그때 산 35만 원짜리 노스페이스 패딩을 큰엄마는 최근까지 대신 입으셨다. 당시 큰엄마의 월급은 100만 원이었다.

'메이커'에 집착했던 나는 멀쩡한 신발을 두고 해진 나이키 운동화를 마르고 닳도록 신고 다녔다.

한번은 밑창이 다 뜯어진 그 신발을 친척집에 신고 갔다가 큰아빠에게 타박 아닌 타박을 들었다.

"왜 이런 걸 신고 오고 그래."

혼난다는 느낌보다는 큰아빠가 속상해한다는 느낌을

받았었다. 내 딴엔 나이키가 제일 멋진 신발이어서 신고 갔던 건데, 큰아빠 입장에선 당신이 돌보는 아이가 해진 신발을 신고 다니는 게 썩 마음 쓰이셨을 거다. 책임감이 강한 큰아빠는 해줄 수 있는 모든 것을 해주면서도 못 해주는 것에만 마음을 쓰셨다.

나도 내 나름의 방식으로 두 분께 사랑을 표현했다. 용돈을 조금씩 모아 시장에 가서 만 원짜리 바지를 사고, 미니쉘을 여러 개 붙여서 생일 축하 케이크를 만들고 카드를 쓰면서. 그걸 준비하고 드릴 때 내가 느끼는 설렘과 행복은 단연코 나이키 운동화에 비할 바가 아니었다.

미니쉘보다 훨씬 많은 것을 해드릴 수 있게 된 지금은 집에 갈 때마다 좀 더 자신만만하게 묻는다.
"갖고 싶은 거 없으세요?"
"집에 뭐 고장 난 거 없어요?"
큰아빠의 대답은 한결같다.

"없는 거 없어."

"다 있다."

"그거 있지."

"아직 쓸 만해."

"누가 준 거 있어."

가족들에겐 늘 좋은 것, 새것을 사다 주셔도 본인의 몫은 언제나 뒤로 미루는 분이었다. "아, 큰아빠! 저 돈 많이 벌었어요!" 하고 한껏 큰소리쳐보지만, 큰아빠는 허허 웃기만 하셨다.

어버이날을 앞두고 큰아빠에게 의미 있는 선물을 해드리고 싶던 차에, 어느 날 좋은 정보를 알게 됐다. 15년 전 내가 복지관에서 배웠던 기타를 큰아빠가 여전히 집에서 연주하고 계신 걸 알게 된 거다. 거의 망가진 기타를 중간중간 직접 손보며 쓰고 계셨다. 두 분은 망가진 것을 새로 사는 법이 없었다. 냉장고도 세탁기도 선풍기도 5년이고 10년이고 손수 수리해서 쓰셨다.

나는 틈틈이 큰아빠가 눈치채지 못하게 취향 조사에 들어갔고, 마침내 큰아빠가 좋아하는 브랜드 정보를 손에 넣었다.

어버이날 새 기타를 받으신 큰아빠는 못내 미안해하셨지만, 난 뿌듯함에 날아갈 것만 같았다. 처음 큰엄마에게 명품 가방을 선물할 때도 큰엄마보다 내가 더 신났던 것 같다.

무언가를 해드리려고 할 때마다 큰엄마와 큰아빠는 늘 말씀하신다.

"우리보다 더 어려운 사람들에게 베풀고 살아."

이 자리를 빌려 두 분께 꼭 부탁드리고 싶은 말이 있다.

큰엄마, 큰아빠, 제게 받는 기쁨보다 주는 기쁨을 먼저 알려주셨잖아요. 오래오래 제 곁에 계셔주세요. 이제 제가 더 많이 기쁠 차례예요.

안 당연한 사랑

큰엄마네 사촌형은 나와 일곱 살 차이다. 내가 같이 살기 시작했을 때 아마 사춘기의 절정이지 않았을까 싶다. 모든 말이 총알처럼 튀어나왔다.

"야, 밥 먹었냐?"

"학교생활 재밌냐?"

"공부할 만하냐?"

특유의 시니컬한 말투와 행동 때문에 어릴 때는 자주 투닥거렸지만, 형이 군대에 가 있는 동안 나는 꼬박꼬박 면회를 따라다녔다.

형은 다정함도 총알처럼 튀어나왔다. 앞이 안 보이는 상태에 적응하기 위해 이것저것 연습하던 무렵이었다. 더듬더듬 짜장라면을 끓여서 먹으려는 찰나, 젓가락 위로 뭔가가 툭 떨어졌다. 계란이었다.

"이거랑 같이 먹어."

대답할 새도 없이 형은 어딘가로 사라졌다.

시력을 잃은 뒤로 식구들과 밥 먹을 때 내 앞의 접시는 한순간도 비어 있는 법이 없다. 함께 고기를 먹으면 고기 세 조각이 화수분처럼 채워진다. 한 조각을 먹어도 세 조각이 되고 두 조각을 먹어도 세 조각이 된다. 나는 이걸 '마법의 고기 세 조각'이라고 부른다.

헤아릴 수 없는 마법의 고기 세 조각을 받아먹으면서 나는 내가 되었다.

모든 일에 담담한 큰엄마와 큰아빠는 내가 10만 유튜버가 되고 100만 유튜버가 될 때도 그저 뒤에서 묵묵히 응원하셨다. 딱 한 번, 평소와 다른 모습을 본 적이 있다. 두 분의 겨울 패딩을 사드리려고 백화점에 모시고 갔을 때였다.

큰엄마는 옷에는 관심이 없고 점원에게 몇 번이고 말했다.

"우리 한솔이가 유튜브에 자주 나오거든요."

"우리 한솔이 유명하잖아요."

"유명한 유튜버예요. 원샷한솔."

머쓱해서 말리면서도 자꾸만 웃음이 새어나왔다.

"어떻게 절 키울 생각을 하셨어요?"
아주 오랜 시간이 흐른 뒤에야 나는 이 질문을 했고, 큰아빠의 대답은 언제나 그렇듯 심플했다.
"당연히 내가 키워야지."

두 분은 항상 내가 충분히 잘 살고 있다고, 지금 이대로 훌륭하다고 해주시지만, 내가 멈추지 않고 더 잘되고 싶은 이유도 두 분이 있어서다. 류머티스 관절염으로 수년째 고생 중인 큰아빠와 매일 새벽 6시에 출근하는 큰엄마에게 일하지 않아도 되는 일상을 선물하고 싶다. 비행기를 한 번도 안 타봤다는 큰아빠와 "나는 제주도는 한 번 가봤는데"라고 자랑하는 큰엄마에게 더 많은 곳을 보여드리고 싶다. 기적 같은 사랑이 당연했던 두 분에게 언제까지나 자랑이 되어드리고 싶다. 아주 당연하다는 듯이.

기적 같은 사랑이 당연했던 두 분에게
언제까지나 자랑이 되어드리고 싶다.

아주 당연하다는 듯이.

돌아오는 집

매일 같이 밥을 먹고 잠들고 웃으며 더없이 행복했지만, 졸업식이 있는 날은 좀 더 행복했다. 하루도 빠짐없이 성실하게 일을 나가시면서도 두 분은 내 졸업식에 번갈아 휴가를 내고 와주셨다.

어릴 적 학교 행사가 있는 날마다 '혹시 오실까', '안 오시겠지', 기대와 실망을 오간 나였기에 두 분이 오실 때마다 새삼 기쁨의 안도에 젖었다.

'오늘도 오시네.'

'나도 가족이 있구나.'

끝나고 뭘 먹고 뭘 할지는 중요하지 않았다. 그냥 큰엄마, 큰아빠가 오셨다는 사실 하나로 배가 불렀다.

가족관계증명서가 가족을 증명할 수 있을까? 내게 가족은 서류나 혈연이 아니라 같이 저녁밥 먹자고 말하는 목소리였다. 외출했다 돌아오는 나를 반기는 인사, 말없이 챙겨주는 국그릇, 기념일에 함께하는 발걸음, 좋은 일에 같이 기뻐하는 얼굴, 언제든 돌아가면 나를 품어줄 곳이 있다는 믿음.

  그 모두에 조건이 없다는 걸 받아들이고부터 내게도 가족이 생겼다. 애쓰지 않아도 지켜지는 나의 자리에서, 사랑받기 위한 역할을 고민하는 대신 나를 위한 꿈을 꿨다. 두 분의 집을 떠난 지 오래이지만, 그 후로도 나는 줄곧 두 분의 품 안에서 외롭지 않고 따뜻할 수 있었다.

언제든 돌아갈 품이 있다는 믿음.
가족은 나를 가장 강하게 만드는
마음의 집이었다.

큰어머니
큰아버지에게

처음 두 분과 함께 지내기 시작한 날,

마음 한구석은 조금 얼어붙어 있었습니다.

누군가의 온기를 받는 일이 익숙하지 않아

못내 어색한 마음을 감추곤 했습니다.

그런 제게 두 분은 매일매일

지금 이대로도 괜찮다는 감각을 키워주셨습니다.

잘해야만, 완벽해야만 사랑받을 수 있다고 믿었던 제가

잘 못해도, 아무것도 하지 않아도 사랑받을 수 있다는 걸

처음으로 믿게 해주셨습니다.

표현하길 겁냈던 제가 후회 없이 사랑을 표현할 수 있게,

사랑의 본질이 무엇인지 느낄 수 있게

삶으로 가르쳐주셨습니다.

두 분과 함께한 순간부터 저는 자랐습니다.

앞이 안 보이기 시작했을 때

두 분이 제 곁에 계신다는 사실이

얼마나 다행스럽고 감사했는지 모릅니다.

긴 세월이 지났는데도,

아직도 가끔은 다시 눈을 뜨고 싶다는 생각을 합니다.

두 분의 얼굴이 보고 싶어서.

얼마나 변하셨을지 시간이 흐를수록 궁금하고,

보고 싶고, 그립습니다.

언젠가 제 곁에 또 다른 가족이 생긴다면

두 분이 제게 해주셨던 것처럼 맞이하겠습니다.

함께 걷는 모든 순간에

두 분의 말씀과 손길을 기억하겠습니다.

몇 년 전, 유튜브 촬영을 핑계로

처음 두 분께 사랑한다는 말을 했을 때

유튜버라서 참 좋구나, 생각했습니다.

사랑하는 큰어머니, 큰아버지.

저를 가족으로 품어주셔서 감사합니다.

그 이름 안에서, 저는 다시 태어났습니다.

- 아들 같은 조카 한솔 드림

3부

함께 크는 집

부적격 보호자

을지로 청년주택에서 강동구의 일반 빌라로 이사할 무렵, 나는 제법 능숙한 자취인이 돼 있었다. 새집에서 적응하며 계절이 두 번쯤 바뀌었을 때, 친구에게 뜻밖의 제안을 받았다.

"혹시 강아지 안 키울래?"

"갑자기?"

"응. 맡아줄 사람을 찾고 있어."

지인이 반려견 입양을 준비 중이었는데 갑작스럽게 사정이 생겨 급하게 새 입양 가족을 찾는다는 거였다.

"난 좀…."

선뜻 마음이 내키지 않아 대강 얼버무리다가 대화가 흐지부지 끊겼다. 하지만 은연중에 흘린 친구의 한마디가 온종일 머릿속을 맴돌았다.

"갈 곳이 없대."

사나흘 연락을 돌려봤는데 마땅한 보호자가 없다고 했다. 마음이 복잡했다.

나는 뭔가를 결정하는 데 남들보다 훨씬 긴 시간이 걸리는 편이다. 중요한 사안일수록 몇 주, 몇 달, 심지어 몇 년을 고민한다. 다양한 변수와 가능성을 점치면서 내가 감당하고 해결할 수 있는 일인지 수십 번 시뮬레이션을 돌린 후에야 결론을 내린다. 반려견을 입양하는 문제도 그중 하나였다.

독립 후 앞이 안 보이는 생활에 완전히 적응하고 나서 강아지를 입양하고 싶다는 생각을 종종 했었다. 막연히 키워볼까, 하는 생각에서 구체적인 고민까지 이어진 기간이 2년 정도 된다.

'한번 물어나 보자.'

고민 끝에 어느 날 유기견 센터에 전화를 걸었다.

센터 직원은 말했다.

"장애가 있으셔서 보호자로 적합하지 않습니다."

"아, 네."

곧장 전화를 끊었고, 그 후로 입양은 머릿속에서 완전히 지웠다. 보호자로 적합하지 않다는 그 말은 꽤 오랫동안 내 안에 콤플렉스처럼 남아 있었다.

  얼마만큼은 수긍이 가기도 했다. 앞이 안 보이는 내가 생명을 돌본다는 것은 욕심일지 몰라. 나보다 훨씬 연약한 생명체니 위험에 처하기라도 하면… 그 죄책감을 어떻게 감당하겠어.
  하지만 친구의 제안을 완전히 뿌리치지도 못했던 건, 반대편의 희망이 나를 계속 재촉했기 때문이다. 큰아빠와 큰엄마가 내게 그랬듯 나도 누군가의 보호자가 되고 싶다는 꿈을 오랫동안 꿨으니까. 앞이 안 보여도 나는 이미 남들 못지않게 잘 살고 있었다. 어쩌면 비장애인들보다 내가 더 잘할 수 있는 부분도 있지 않을까.

  나의 망설임을 눈치챈 친구는 그 후로도 두어 번 의사를 물었다.
  "몇 살이야?"
  나는 처음으로 강아지의 정보를 물었고, 한 시간여의

대화 끝에 입양을 결심했다.

  누군가를 보호한다는 것이 얼마나 크고 무거운 책임인지 잘 알고 있었다. 서툰 보호자가 주는 상처가 얼마나 크고 위험한지도 잘 알았다. 그리고 어쩌면 그것이 내가 더 좋은 보호자가 될 수 있는 자격이 될지도 몰랐다. 이왕 결심한 이상, 누구보다 적격한 보호자가 되어보기로 했다.

안내견보다 반려견

왜 안내견이 아닌 일반 강아지를 키우게 됐느냐고 묻는 사람들이 종종 있다. 시각장애인 친구가 안내견과 지내는 걸 오랜 시간 지켜보면서 나도 안내견과의 생활을 고려해본 적은 있었다. 강아지 입양을 고민한 2년 사이에 안내견 학교에 가보기도 하고, 안내견과 함께 사는 친구들에게 묻기도 수없이 물었다. 결론적으로, 나의 여러 상황과 성향을 종합하면 내겐 안내견이 아닌 반려견이 잘 맞을 것 같았다.

일단 안내견 입양을 신청하면 대기 기간만 1, 2년쯤 걸린다. 언제 만나게 될지 기한이 정해져 있지도 않다. 직장인도 아니고 일정한 루틴이 없는 난 불확실한 미래를 두고 약속을 한다는 것이 부담스러웠다. 1, 2년 후에 내 생활환경이나 패턴이 어떻게 바뀔지 모르니까. 예측 불가능한 환경 속에 누군가를 끌어들이는 건 원치 않았다.
여덟아홉 살이 되면 헤어져야 하는 것도 마음에 걸렸다. 안내견은 은퇴 나이가 정해져 있어서 좋든 싫든 7년여

만에 다른 곳으로 보내야 한다. 이별이 예고된 가족은 원치 않았다.

  무엇보다, 안내견은 보호자를 안내하는 역할을 아무래도 많이 하게 되고, 나는 누군가에게 도움을 주는 게 더 행복한 사람이었다. 편리하게 만들어진 결과를 누리는 것보다 고생스럽더라도 함께 만들어가는 여정에 더 큰 의미와 행복을 느끼는 사람이었다. 그 여정에 뜻밖의 난관이 따른다 해도 그만큼 기대할 행복도 늘어나는 거니까, 조금 불편하더라도 함께 걷는 길을 택하고 싶었다.

설채현 선생님

no. 113

입양을 결정하고 강아지가 우리 집에 오기까지는 8일이라는 준비 기간이 있었다. 나는 이 8일간 할 수 있는 모든 노력과 시간을 쏟아 완벽한 준비를 해두기로 마음먹었다. 눈이 안 보여서 생길 수 있는 모든 위험을 최대한 예방해두고 싶었다. 유튜브에도 다른 지인들에게도 일부러 말하지 않았다. 다른 일정은 일절 잡지 않고 오로지 강아지를 맞이할 환경을 세팅하는 데만 몰두했다. '내가 잘해낼 수 있을까'라는 걱정으로 극도의 긴장 상태에 놓였던 것 같다.

제일 먼저 한 건 유튜브 영상 독파였다. 밤이고 낮이고 반려견 양육에 필요한 정보를 검색하고 영상을 봤다. 나는 원래 강아지를 좋아해서 반려견 양육 정보를 많이 찾아봤었고 어느 정도의 지식은 갖추고 있다고 생각했다. 하지만 입양이 현실로 들이닥치고 나니 거의 모든 것이 걱정과 의문으로 다가왔다. 예전엔 '별거 아니네' 했던 규칙들도 '내가 어떻게?'라는 난관으로 받아들여졌다.

반려견 전문가들이 하는 모든 교육은 눈이 보이는 보호자를 전제로 한 설명이었다. 교육에서 제일 중요한 건 빠르고 섬세한 교감이고, 강아지의 반응과 상태를 파악하는 데 내겐 명백한 핸디캡이 있었다. 한 분야의 지식이 1부터 10단계라고 했을 때, 영상을 통해 내가 습득할 수 있는 건 사이사이를 건너뛰고 세 단계 정도였다. 함부로 몇 단계를 건너뛰면 그건 돌이킬 수 없는 위험한 양육이 될 것 같았다. 어쩌다 한 번은 모를까, 몰라서 지속적으로 저지르는 실수만큼은 하고 싶지 않았다.

오롯이 내 힘으로 한 생명을 보호하기로 마음먹은 첫 시도였다. 8일 후의 첫 만남이 백도화지 상태로 나를 기다리고 있었고, 난 이 도화지를 처음부터 잘못된 물감으로 칠하고 싶지 않았다.

'이런 식으론 안 되겠어.'

간접 경험이 아닌 맞춤형 현실 교육이 필요했다. 복지관에도 연락해봤지만 시각장애인이 안내견이 아닌 반려견을 키우는 경우는 아직 없었다.

유튜브에서 제일 많이 본 것이 수의사 설채현 선생님의 영상이었다. 설명이 귀에 가장 쏙쏙 들어왔기 때문이다. 이분의 영상을 모두 찾아보고 난 어느 날, 나는 무슨 용기가 났는지 다짜고짜 인스타그램 DM을 보냈다.

"안녕하세요, 설채현 선생님. 저는 시각장애를 가진 사람입니다. 이번에 강아지와 함께 살게 되었는데, 보호자로서 정식으로 교육을 받아보고 싶어요. 혹시 도움을 주실 수 있을까요?"

갑작스러운 청이 부담되지 않을까 걱정은 됐지만, 이러저러한 걸 다 따지기엔 내 마음이 꽤나 절박했다.

선생님은 선뜻 답장을 주고 나의 고민을 들어주셨다.

"좋아요, 같이 한번 해봅시다."

우리는 주 2~3회씩 만나 함께 교육을 해보기로 약속했다. 사이사이 궁금한 것이 생길 때마다 카톡으로 묻고 시키는 대로 준비했다. 든든한 지원군이 생기자 한결 안도감이 들었다.

솔이 또리 김토리

강아지가 왔다.
 내가 기억하는 이 아이의 첫인상은 '작다'였다.

 작아… 작아도 너무 작아.
 이 작은 게 움직이다니.
 이 작은 아이를 내가 잘 키울 수 있을까.
 근데 소리가 하나도 안 나네.

 이불과 배변 패드가 놓인 울타리 안에서 꼬물거리는 강아지가 너무 작아서 당황했고, 너무 조용해서 또 당황했다. 몸이 가벼우니 거실을 돌아다녀도 발소리가 전혀 들리지 않았다.

 작고 따뜻한 털뭉치를 무릎에 두고 친구와 강아지 이름을 고민했다.
 "힘껏 부르기 쉬운 이름이면 좋겠는데."
 "맞아, 발음하기 쉬워야 해."

"이제 내 분신이 될 아이니까, 내 이름자를 딸까?"
"솔이?"
"솔이~ 아, 나를 부르는 것 같아 이상해."
"그럼… 한똘?"
"음, 뭔가 우스꽝스러워. 또리?"
"그러고 보니 이 녀석 털색이 탕수육 같아."
"탕수육? 탕… 탕… 토리? …토리! 도토리 아니고 김토리!"

꽤나 진지한 토론 끝에 이 친구의 이름은 토리가 되었다.
내가 "토리!" 하고 부르자 친구가 말했다.
"토리라고 하니까 얘가 갸우뚱갸우뚱 하는데?"
"그래? 너도 이 이름이 좋구나."

토리는 낯가림이 없는 강아지였다. 집 안 여기저기를 돌아다니더니 내 곁에 와 손등을 핥았다. 손등에 닿은 혀가 또 너무 작아서 미칠 것 같았다. 8일간 아이를 맞이하기 위한 만반의 준비를 해두었지만, 저녁이 되자 다시 온갖 걱정이 밀려왔다.

    내가 정말 잘할 수 있을까.
    얜 뭔 생각을 하는 걸까.
    내가 같이 살 사람인 걸 아는 걸까.

    꼬리에 꼬리를 무는 생각들로 밤이 늦도록 잠을 설쳤다. 2023년 5월, 세상모르고 잠든 어린 강아지와 겁에 질린 초보 아빠의 동상이몽 첫날 밤이 지나가고 있었다.

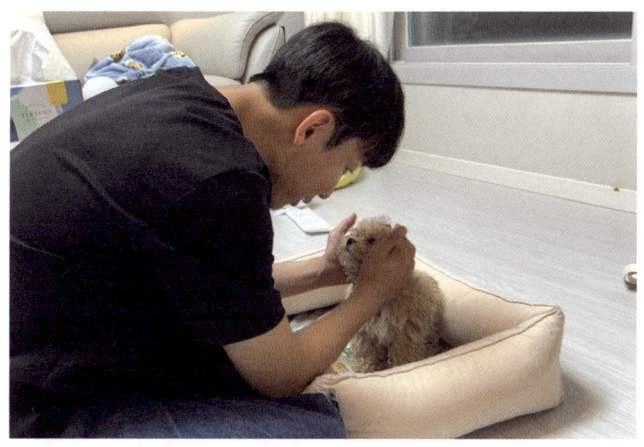
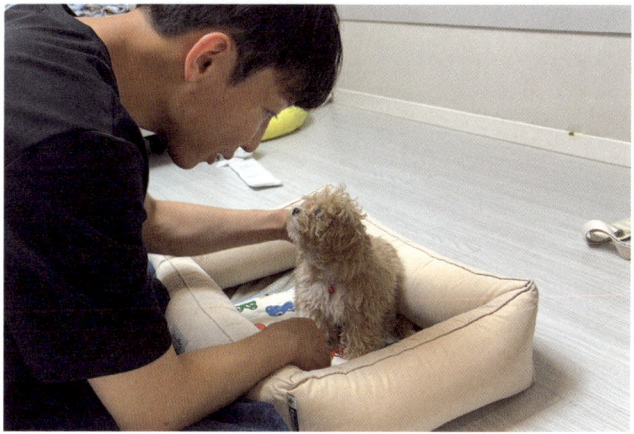

너의 모든 처음을

날이 밝고 서둘러 토리를 데리고 설채현 선생님을 만나러 갔다. 고작 이틀 같이 있었는데 나는 선생님에게 폭풍 같은 질문을 쏟아냈다. 첫날은 앞으로의 교육을 위해 토리의 성격과 성향을 파악하는 시간이었다. 뭐든 해보게 내버려두고 토리의 행동을 유심히 관찰했다.

"궁금한 게 많은 아이네요."

토리는 기본적으로 밝고 호기심이 많은 성격이라고 했다.

그때 내겐 토리가 내 품 밖에 있을 때 토리의 위치를 파악하는 게 가장 큰 숙제였다. 게다가 앞으로 교육하려면 토리의 반응을 더 미세하게 체크해야 할 텐데 방법이 막막했다.

토리와 한참 교감한 선생님이 말했다.

"목걸이에 방울을 달죠."

"스트레스 받지 않을까요?"

선생님은 걱정 말라는 듯 자신 있게 답했다.

"사람마다 성향이 다르듯 강아지도 그렇거든요. 오히려

토리는 방울을 좋아하는 것 같네요."

예민한 기질도 적어서 가르쳐주는 대로 잘 흡수할 거라고 선생님은 나를 계속 안심시켰다. 대신 사람이 어떻게 하느냐가 중요하다고 했다. 모든 교육은 한 번으로 뚝딱 되는 게 아니니 반복 학습이 정말 중요하다고.

그날부터 설채현 선생님 그리고 선생님이 자신의 분신이라고 소개한 김성진 훈련사님과 본격적인 교육을 시작했다. 처음에 제일 많이 한 건 '둔감화 교육'이었다. 촉감이나 소리 등 외부 자극을 예민하지 않게 받아들이는 연습을 시키는 것이다. 어릴 때 다양한 환경에 대한 민감성을 떨어뜨리면 커서도 특정 자극에 스트레스를 받거나 예민하게 반응하는 일이 덜하다고 훈련사 선생님은 설명했다.

교육 방식은 단순한 반복의 연속이었다. 은쟁반에 올렸다가 "옳지", 간식, 매트 위에 올려주고 "옳지", 간식, 하며 지시와 보상을 반복하는 식이었다.

교육은 집에서도 계속됐다. 청소기를 1초 틀고 "잘했어", 간식. 2초 틀고 "잘했어", 간식. 3초 틀고 간식.

교육할 때의 목소리 톤도 중요했다.

"레크리에이션 강사처럼 말해야 해요. 톤이 높아야 교육 효과가 좋아요."

'좋아, 이제부터 난 너의 레크리에이션 강사, 아니 피시방 사장이야.'

나는 어떻게 하면 이 아이가 이 상황을 즐겁게, 게임처럼 받아들이게 할지 매일 궁리했다.

토리를 안고 집 밖으로도 자주 나갔다. 일부러 횡단보도 앞에 서서 차 소리, 오토바이 소리를 들려줬다.

'넌 앞으로 이런 소리를 계속 들으면서 살아야 해.'

큰엄마가 나를 데리고 영화관에 갈 때 해주신 것처럼, 나도 토리가 모든 상황을 평범하게 받아들이게 하기 위해 애썼다. 차와 오토바이가 지나가고 나면 다정하고 자연스럽게 말을 걸며 간식을 줬다. 사람들도 의도적으로 계속 만나고 토리를 사이에 두고 대화를 많이 나눴다.

내 삶엔 두려움과 긴장으로 가득한 처음의 순간이 참 많았다. 실명 후 처음 외출한 날, 처음 혼자서 대중교통을 탄 날, 처음으로 행인에게 도움을 요청한 날. 그 모든 처음들이 있어서 새로운 행복에 익숙해질 기회를 얻었다.

나는 토리의 처음이 무엇보다 편안하길 바랐다. 나와 함께하는 처음과, 앞으로 마주할 세상이 내가 본 세상보다 좀 더 친절하고 따뜻하길 바랐다.

처음 미용실에 간 날 비포 & 애프터.

열혈 아빠와 슈퍼 천재견

모르는 사람들은 토리가 천재견이어서 처음부터 개인기를 배운 줄 알지만, 1년 가까이 우리가 한 것은 기본기 교육이 전부였다. 기다려 훈련, 인내심 훈련, 충동 조절 훈련. 특히 간식을 이용한 충동 조절 훈련을 각별히 신경 썼다. 길에서 아무거나 주워 먹어도 내가 알지 못하니까.

장난감도 이때 제일 많이 샀다. 토리가 어떤 재질의 어떤 소리가 나는 장난감을 좋아하는지 모르니까 1부터 10까지 사서 순서대로 던져보며 반응을 살폈다. 토리의 반응은 귀와 손으로 확인했다. 오른손으로 '핸드 시그널'을 보내고 왼손으로 토리의 몸을 만지며 동작을 읽는 동시에 헥헥거리는 소리의 크기와 빠르기로 흥분 정도와 컨디션을 체크했다. 방울 소리로 토리의 움직임을 확인하는 방법도 선생님과 함께 연구했다. '딸랑강'인지 '딸딸강'인지에 따라 토리가 뱅뱅 돌았는지 앞으로 갔는지 뒤로 갔는지, 한 번 돌았는지 빠르게 두 번 돌았는지를 구분했다.

수십 번, 수백 번 연구하고 유추하고 내가 생각한 게

맞는지 주변 사람들에게 물으면서 일치율을 높여갔다.

"토리 지금 뒤로 갔죠?"

"어! 맞아요!"

"토리 지금 딴 데 보죠?"

"아니 한솔님, 보여요?"

연습을 거듭할수록 점점 내 예측이 맞아떨어지는 횟수가 늘었다.

초보 보호자인 나는 예복습의 왕이었다. 센터에서 한 시간을 교육받으면 집에 가서 다섯 시간을 복습했다. 무엇보다 토리가 그 시간을 교육이 아닌 놀이처럼 느끼게 해주려고 애썼다. 둘만의 놀이가 계속되면서 강아지가 이때 왜 이렇게 반응하고 왜 이렇게 지시해야 하는지 교육과 행동 반응의 원리를 점점 더 깊이 이해하게 됐다.

이때도 지금도 토리에게 제일 많이 신경 쓰는 건 체중 관리다. 나는 이제 토리의 체중을 손으로 잰다. 갈비뼈를 감싼 살을 만져보면 대략의 몸무게를 맞힐 수 있다.

소형견은 한국에서 무조건 질병이 오는데 어릴 때일수록 이 고질적인 문제를 최대한 예방해주면 좋다고 했다. 푸들과 말티즈의 교배견인 토리는 체중과 다리 근육 관리가 중요했다. 음성 명령 체중계를 사서 매일 몸무게를 체크하고 운동을 시켜줬다. 다행히 토리는 활동량이 많고 운동을 좋아했다. 뛸 때마다 기분이 최고조에 이르는 토리를 보면서, 이렇게 좋아하는 달리기를 오래 하게 하려면 더 건강하게 키워야겠다고 다짐했다. 뒷다리 근육을 키우는 운동법을 배워서 집에서 꾸준히 시켜주고, 수중 러닝머신도 시켜줬다. 마사지 방법도 배워서 매일 저녁 해줬다. 사료를 바꾸면 배변 냄새도 꼬박꼬박 체크했다. 원래라면 수술이 필요한 종인데 토리의 다리는 아직까지 아주 건강하다.

  함께할수록 나의 교육열은 날로 높아졌다. 내가 하는 만큼 따라오고, 또 토리가 재밌어하는 걸 보면서 더 잘해주고 싶은 욕심이 점점 차올랐다.

우리가 센터에 갈 때마다 선생님은 깜짝깜짝 놀랐다.

"아니… 언제 이렇게 늘었어요?"

"어제 다섯 시간 연습했어요, 선생님. 저 수능 때도 이렇게 안 했다니까요!"

사회성 교육에도 특별히 주의를 기울였다. 나와 같이 다니다가 다른 개들한테 물리면 곤란하니까 다른 개들과 만나고 거리 두는 방법, 예의 있게 인사하는 방법 등을 계속 교육시켰다.

"공부를 그렇게 했으면 서울대도 갔겠어."

꺼질 줄 모르는 내 집념에 친구는 혀를 내둘렀다. 서울대는 못 갔어도 토리나 나나 열정 하나는 수석이었다.

너나 잘하세요

교육을 받는 동안은 매일이 깨달음의 연속이었다. 그중 최고 반전은, 내가 강아지를 교육하는 데 가장 큰 장벽이 시각장애가 아니었단 사실이다. 걱정했던 것과 달리 앞이 안 보이는 문제는 빠르게 해결됐다. 나는 청각과 촉각에 예민하고 눈치가 빠른 편이어서 토리를 듣고 만지며 소통하는 실력이 제법 빠르게 향상됐다. 문제는 시력보다 내 성격이었다.

"기다려."

이 수백수천 번의 연습에 적응을 못 한 건 토리가 아닌 나였다.

"토리~ 기다… 어, 어디 가!"

사방팔방 궁금한 것이 많은 토리는 툭하면 자리를 이탈했고 나는 점점 지쳐갔다. 토리는 영리해서 가르치는 것을 빠르게 습득했지만, 그만큼 주의력을 잃는 속도도 빨랐다. 어제 잘했다고 오늘 더 잘하리라는 보장이 없는데 시간이 갈수록 나는 쉽게 조바심을 냈다.

근데 오늘 얼마나 배웠지?
근데 지난주랑 달라진 게 있나?
근데 토리가 이 교육을 얼마나 소화할 수 있을까?
아 근데 나 진짜 잘 배우고 있는 거 맞아?

김토리 기다려 훈련은 어느새 김한솔 인내심 테스트가 됐다. 토리를 만나고 나는 나에 대해 몰랐던 면모를 정말 많이 발견했다. 내가 생각보다 참을성이 없구나. 실패에 예민하구나. 반복에 많이 지치는구나.

그때 내 머릿속엔 이상적인 강아지의 그림이 있었고, 아마 그건 만화 속 열세 살 먹은 보더콜리쯤 됐던 것 같다. 조급하고 욕심이 넘쳤던 그때를 생각하면 조금 부끄러워진다. 기다리는 법을 가르치면서 정작 보호자는 기다리지 못하는 상황이라니.

토리가 말을 할 줄 안다면 이렇게 말하지 않았을까.
'아빠, 너나 잘하세요.'

초심

기본기 교육은 10개월 동안 이어졌다. 지금 유튜브를 통해 보여주는 개인기는 그 시기가 지나고 '빵!'을 시키다가 우연찮게 발견한 재능이다. 10개월 동안 탄탄히 쌓아온 기본기가 있었기에 자연스럽게 실력이 쑥쑥 늘었던 것 같다.

반려견 교육은 누구든 해야 하는 거지만, 나는 남들보다 백배는 더 노력해야 했다. 한번 시작한 건 끝을 보는 성격도 한몫했다.

설채현 선생님은 이제 나를 볼 때마다 훈련사 자격증을 따라며 반 농담 삼아 얘기한다.

"한솔님 전용 클래스 하나 만들까요?"

촬영 차 만난 강형욱 선생님도 '토리는 1퍼센트 안에 드는 강아지'라며 칭찬을 아끼지 않았다.

유튜브나 인스타그램으로 대신 교육 좀 해달라는 메시지도 심심찮게 온다. 하지만 대중에게 알려진 토리와 나의 모습은 극히 일부다.

교육에 한껏 과몰입한 초보 아빠는 욕심이 과해지는 만큼 짜증이 늘었다.

"토리야, 이리 오라니까!"

"아우, 답답해!"

"지난번엔 했는데 왜 못 해."

함께 이룬 것에 성취감을 느끼고 행복해하던 순간은 온데간데없이, 다그치고 한숨짓는 시간이 늘었다.

한껏 투덜댄 날 밤에는 토리를 향한 미안함이 휘몰아치며 자아 성찰 타임이 이어졌다.

'내가 왜 이렇게 짜증을 내지? 중요한 건 이런 게 아닌데. 옛날에 비하면 진짜 좋아진 거잖아.'

'싸우지 말자. 이게 뭐라고 이렇게 조바심 내. 마음을 다스리자. 다스리고 또 다스리자….'

그리고 또 다음 날이 되면 언제 그랬냐는 듯이 울컥.

욕심-버럭-후회-자아 성찰 4단계의 무한 루프가 한동안 계속됐다. 눈이 보였으면 좋겠다는 생각도 꽤 많이 했다. 그러다가도 이게 보인다고 해결될 문제인가, 하고 다시 맘을 다잡았다.

'안 보여도 여태 잘했는데 무슨 눈 핑계야.'

처음 우리 집에 왔을 때를 생각하면 토리는 실로 놀라운 성장을 했다. 갑자기 하울링을 하기도 하고, 배변 실수도 꽤 잦았다. 장난감을 치우다가 똥을 줍고 화들짝 놀라며 던진 적도 여러 번이고, 로봇청소기가 토리 똥을 싣고 돌아다니는 걸 친구가 발견하고 깔깔 웃은 날도 있다.
그때에 비하면 지금의 토리는 세상 의젓한 강아지다. 4개월에서 6개월 사이 개춘기가 한 번 올 거라고 훈련사 선생님들이 예고한 것과 달리 토리의 개춘기는 아주 조용히 지나갔다. 적시에 재빠르게 사회화 교육을 한 덕이라고 한다.

손과 귀로 토리와 충분히 교감하긴 하지만, 내가 알지 못하는 토리의 모습도 많다. 훈련사 선생님들이나 친구들의 목격담에 의하면, 토리는 그 어떤 강아지보다 보호자를 뚫어져라 많이 보는 강아지라고 한다. 그리고 내가 말할 때나 어떤 행동을 할 때 고개를 갸우뚱거릴 때가 많다고 한다.

"다른 강아지들보다 갸우뚱갸우뚱 횟수가 정말 많아요. 고민하는 거예요. 내가 뭘 하면 좋을지, 어떤 행동을 하면 한솔님이 좋아할지 생각하는 거죠."

강아지를 교육한다는 건 한 방향으로만 가는 도장 깨기가 아니었다. 일주일 전에 7까지 진도가 나갔어도 다시 2를 연습해야 할 때가 왕왕 있다. 반년 전에 완벽하게 고치고 익힌 것을 1년 내내 잘하리라는 법도 없다. 한참 전에 해결됐던 이상 행동이 갑자기 나타날 때도 있다.

걱정이 되고 조바심이 날 때마다, 지금 이 순간 나를 뚫어져라 보고 있을 토리를 생각한다. 고개를 갸웃거리며 무엇을 해야 할지 고민할 토리를 생각하며 마음을 다잡는다.

'이 작은 아이도 나를 위해 이렇게 고민하는데, 내가 더

노력하고 신경 써야지.'

 난 이제 변수가 생기면 그걸 토리가 내게 보내는
신호라고 생각한다.
 '아빠 요즘 초심 잃었네? 신경 좀 써야지?'
 토리는 내게 초심을 잃을 틈을 주지 않는다. 아직도
울컥하면 중간중간 싸우기도 하지만, 다시 마음을
다스리고 토리를 처음 만날 때 했던 다짐과 약속을
떠올린다.

 '누구도 너를 불쌍하다고 말하지 못하게 할 거야.'

 내년 목표는 훈련사 자격증을 따는 것이다. 완벽한
교육은 없다는 걸 이젠 아주 잘 알지만, 함께하는 동안은
토리를 할 수 있는 한 더 깊이, 더 완벽하게 만나고 싶다.

함께하는 동안은 토리를 더 깊이,
더 완벽하게 만나고 싶다.

대환장 쇼 어질리티

뛰는 걸 좋아하는 토리에게 나는 실내 허들 넘기, 터널 통과하기 같은 활동을 많이 시켰다. 연습장 위의 토리는 우사인 볼트 저리 가라였다. 한 시간이고 두 시간이고 지치지도 않고 쑥쑥 뛰넘고 쌩쌩 달렸다. 재밌어하는 토리를 지켜보며 내 안의 도전 의욕이 슬금슬금 샘솟았.

'대회 한번 나가봐?'

막연하게 해볼까 말까 생각만 하던 차에, 〈TV 동물농장〉을 함께 찍은 피디님에게 정식 제안을 받았다.

"어질리티 대회 나가보면 어때요? 마침 9월 28일에 행사가 있어요."

어질리티 대회는 반려견과 보호자가 한 팀이 되어 장애물을 넘어 완주하는 게임이다. 훈련사 선생님도 토리라면 잘할 수 있을 거라고 응원해줬다.

"해볼게요."

대회까지는 딱 한 달이 남아 있었다. 이렇게 토리와 나의 새로운 대장정이 시작됐다.

우리는 춘천에 위치한 강아지 테마파크로 연습을
다녔다. 남들보다 힘들 거라는 건 각오한 바였다. 실내
연습장과 야외 공간은 조건이 완전히 다르기 때문에
처음부터 다시 익힌다는 마음으로 연습에 임했다.
순조로운 경기를 위해서는 보호자의 역할이 무엇보다
중요했다. 나는 연습하고 또 연습했다. 눈이 안 보인 지
16년이 지나지 않았으면 전혀 불가능했을 것이다.

  허들에는 숫자가 적혀 있고 그 순서대로 장애물을
넘어야 한다. 나는 그 숫자를 볼 수 없으니 뛰면서
장애물의 번호를 다 외워야 했다. 토리와 달리기를
시작하기 전에 먼저 나 혼자서 계속 허들 사이를 왔다
갔다 하며 머릿속으로 지도를 그렸다. 내가 생각한 지도가
맞는지 시간과 거리감을 재고, 방향을 짐작하면서 수십
번 왕복했다. 달리고 턴할 때 내 몸의 각도도 완벽하게
외워야 했다. 몸의 방향이 조금만 틀어져도 엉뚱한 데로
가버리니까. 정말이지 수능보다 더 어려웠다. 수능은
머리로만 외우면 되는데 머릿속의 계산과 몸을 완벽하게

일치시켜야 하고 약간의 오차만 있어도 돌이킬 수 없는 실수가 되니 그야말로 죽을 맛이었다.

그 와중에 토리를 안전하게 지키는 것도 신경 써야 했다. 혼자 왕복 달리기를 하며 수없이 넘어지고 무릎으로 장애물을 넘어뜨렸으니, 토리와 함께 달리다가 자칫 토리를 발로 차기라도 할까 봐 온 신경이 곤두섰다.

어느 정도 오차 범위를 줄이고 나서는 토리와의 연습이 시작됐다. 내 속도와 토리 방울 소리를 들으면서 내가 몇 번 장애물을 지나쳤는지 계산하고, 그 속도로 뛰었을 때 토리가 어디쯤 와 있는지 계산했다.

이 단계에서는 더 큰 난관이 기다리고 있었다. 토리는 너무 빨랐다. 빨라도 너어어어무 빨랐다. 장애물 사이 거리와 각도와 속도와 토리의 위치를 계산하며 뛰려니 정말 머리가 터질 것 같았다. 토리가 잘 가다가 갑자기 멈추기라도 하면 다시 몇 발짝 뒤로 가야 했고, 그러는 사이 머릿속의 계산은 완전히 꼬였다. 토리는 토리대로

나 때문에 혼란스러웠다. 날쌔게 달리다가도 망설이고 우왕좌왕하는 나를 보고 멈추길 반복했다. 나는 또다시 눈을 뜨고 싶어졌다. 마음으로는 수백 번 눈을 떠서 토리와 함께 달렸다. 거침없이 같은 속도로 달리며 토리의 넘치는 에너지를 충족시켜주고 싶었다.

"보호자가 초조해하면 강아지도 느껴요."
훈련사 선생님이 조언했다. 자신 있게 앞만 보고 달려야 하는데 그게 말처럼 쉽지 않았다. 내가 멈칫하고 뒤돌아보면 토리도 멈칫했다. 내가 불안해하고 우왕좌왕하면 토리도 어정쩡하게 맴돌다가 경기장 밖으로 도망가버렸다.
'아, 모르겠다. 그냥 뛰자.'
몇 시간의 시행착오 끝에 나는 결심했다. 토리를 다치지 않게 하는 선에서 일단 멈추지 말고 뛰자. 넘어지든 부딪히든 상관없다는 마음으로 쭉 가보자. 달리고 달리면서 생각했다. 어떻게 하면 토리에게 더 믿음을 줄 수 있을까. 어떻게 하면 우리가 자석이 되어 끝까지 달릴까.

    대회까지 약속된 연습일은 주 3~4회였고 아침 8시에 가서 오후 5시에 돌아오는 강행군이었다. 나는 집에 올 때마다 파김치가 됐지만 토리는 집에 와서도 쌩쌩했다. 대회일이 가까워질수록 열혈 아빠의 본능이 다시 살아나기 시작했다.
    "토리, 시작해볼까?"
    집에 온 뒤로도 우리의 점프는 멈출 줄을 몰랐다.

D-3일

연습에 연습을 거듭하면서 토리와 나의 호흡이 조금씩 들어맞기 시작했다. 둘 다 자리를 이탈하지 않고 처음 완주에 성공했을 땐 정말 세상을 다 가진 듯 기뻤다. 연습은 세 번, 네 번 뛰고 나면 30분 정도 휴식하는 루틴으로 진행됐다.

"강아지도 생각을 정리할 시간이 필요하거든요."

몸을 쉬는 동안에도 머릿속으로는 계속 시뮬레이션을 돌렸다.

대회 일주일 전쯤이 되자 실수도 줄어들고 완주 기록도 제법 짧아졌다.

'이 정도면 대회 때도 잘할 수 있겠지?'

조금씩 자신감과 확신이 생겼다.

그런데 웬걸, 대회를 3일 남기고 뜻밖의 엑스맨이 등장했다. 엑스맨은 다름 아닌 토리였다. 이날 토리는 느닷없이 훈련사 선생님한테 빠져서 시종일관 코스를 이탈하고 선생님에게로 달려갔다. 1번을 뛰다가 쪼르르,

2번을 뛰다가 쌩. 하루 종일 "토리!"를 외치다가 목이 쉴 지경이었다. 계속되는 토리의 이탈에 내 계산도 완벽히 꼬였다. 자신감이 탈탈 털렸다. 어제까지 분명히 미적분을 풀 수 있구나 했는데 갑자기 산수가 안 되는 기분.

'토리야, 너 갑자기 더하기 빼기를 못하면 어떡해…'

울고 싶었다.

난 다시 왕년의 '예민보스'가 됐다. 쉬어도 쉬는 게 아니었다.

방울 소리 하나로 토리의 위치를 파악해야 하는 나는 토리가 나한테서 멀리 떨어질수록 당황할 수밖에 없었다. 그리고 토리는 호기심이 왕성해서 주변 환경 변화에 아주 쉽게 정신이 팔렸다. 연습장의 인원은 세 명이지만 대회 당일엔 300명이 넘는 참가자와 관람객이 모일 예정이었다. 심지어 나는 인이어를 착용하고 달려야 했다.

300명 인파의 소음을 뚫고 한쪽 귀로만 방울 소리를 들을 수 있을까? 다른 강아지들 짖는 소리도 상당할 텐데.

토리를 아는 사람들이 토리 이름을 부르기라도 하면? 사람 좋아하는 토리가 그 모든 유혹을 뿌리치고 나를 따라올까?

  토리의 이탈에 규칙과 패턴이 있으면 그에 맞춰 다시 가르치면 되겠지만, 도대체 어디부터 다시 시작해야 할지 막막하고 답답했다.
  심각해진 내게 훈련사 선생님들은 시종일관 즐기라고 격려했다. 하지만 압박감에 잔뜩 예민해진 내겐 그 어떤 응원도 격려도 와닿지 않았다.
  "괜찮아요, 내일 더 잘할 수 있어요."
  '어떻게요? 대회가 3일 남았는데?'
  "즐겨요! 즐겁게 해요, 즐겁게!"
  '어떻게요? 수능 앞두고 더하기 빼기가 안 되는데?'
  "즐겁게! 더 즐겁게!"
  '아니 즐거울 거면 춤을 추지 왜 장애물을 넘지?'
  망했다는 심정으로 잔뜩 시무룩해져서 집에 돌아왔고, 토리는 내 속도 모르고 간식만 찾았다.

대회 전 마지막 연습일이 됐다. 최선을 다하되 여유를 찾기로 마음먹었다. 역시 변수는 계속 생겼지만, 직전의 연습 때보다 토리는 곧잘 뛰었다.

이날은 체코 어질리티 심사위원을 만났다.

"핵심은 믿고 즐기는 거예요. 믿고 즐기면 서로가 서로에게 동기부여가 돼요."

심사위원분은 내게 조언을 아끼지 않았다.

"방법을 찾으려고 하면 길이 있을 것이고, 안 되는 이유를 찾으려고 하면 길이 없을 거예요. 안 되는 걸 계속 하지 마세요. 두 번 해서 안 되면 세 번째는 다른 쉬운 걸 하세요."

실패한 상황에서 토리가 다시 흥미를 느끼게 하려면 돌아가더라도 다시 성공 경험을 시켜주라는 뜻이었다. 장애물 달리기에서는 나뿐 아니라 강아지에게 집중하는 것이 중요했다. 연습에서 정말 지키기 힘든 게 이 부분이었다. 여러 제약 속에서 달리다 보니 나는 계속 나한테만 집중하게 되고, 그러다 보면 호흡이 깨지고 토리의 집중력도 흐트러졌다.

    이날 연습은 3일 전보다 훨씬 순조롭게 끝났다.
    다시, 초심이 필요했다. 어떻게 하면 토리가 더
재밌어할지, 어떻게 하면 토리가 나에게 집중할지 생각하자.
집에 도착하자마자 나는 비장하게 장애물 도구를 꺼냈고,
저녁 내내 레크리에이션 강사에 빙의됐다.

킹 오브 더 점프, 토리

대망의 대회일이 다가왔다. 전날부터 나는 초긴장 상태에 떨었다. 그렇잖아도 긴장되는데 다음 날 비 소식이 있었기 때문이다. 예보가 틀리길 빌었지만 역시나 날이 밝자 비가 쏟아졌다. 제법 큰비였는데도 행사는 취소되지 않았다.

이날 공식 경주 참가자는 100팀 정도였고, 나는 비공식 특별 초청 팀으로 참가했다. 순서를 기다리며 경기 진행 설명을 듣고 머릿속의 계산을 정리하는 동안 옆에서는 수십 마리의 강아지가 뛰고 뛰고 또 뛰었다. 기상 악화로 곤혹스러운 건 나만이 아니었다. 비 때문에 경기장 군데군데가 진흙과 웅덩이로 가득했고, 연습 때와 달리 미끄러운 바닥 때문에 꽤 많은 보호자들이 달리다가 넘어졌다. 그 뒤를 잇는 강아지들의 실격 대잔치. 뛰다 말고 도망쳐서 실격, 흥분해서 혼자 짖다가 실격, 똥오줌만 싸고 실격, 역주행해서 실격….

'실격만 하지 말자, 토리야. …근데 나야말로 안 넘어질 수 있을까?'

다행히도 내 순서 한 시간쯤 전부터 비는 잦아들기 시작했지만 바닥은 여전히 엉망이었다. 멀쩡한 바닥에서도 넘어지고 부딪히던 나였다.

'모르겠다. 연습한 대로만 하자. 몸이 기억하겠지.'

마음을 수십 번 고쳐먹고 차례가 왔다. 경기장에 안내 방송이 울려 퍼졌다.

"곧 인플루언서 원샷한솔 님과 반려견 토리의 특별 경주가 있겠습니다. 모두 모여서 응원해주세요!"

사람들의 환호가 쏟아지면서, 거짓말처럼 해가 쨍하니 비쳤다.

'토리야, 하늘도 우리를 응원하네.'

달리기 전에는 7분간의 준비 시간을 준다. 토리 없이 훈련사와 함께 장애물 열 개를 만져보고, 뛰면서 사이사이 거리를 쟀다. U자 형태로 꺾인 코스의 지도를 머릿속으로 그리며 달리는 방향의 감을 익혔다.

출발선에 토리를 앉히고 숨을 고르고 준비 자세를

취했다. 역시 슬픈 예감은 틀리지 않았다. 우천에도 경기장엔 꽤 많은 관람객이 찾아왔고 소음이 상당했다. 인이어를 끼지 않은 한쪽 귀엔 사람들의 웅성거리는 소리만이 가득했다. 방울 소리를 듣는 건 도저히 불가능할 것 같았다.

'어쩔 수 없다. 믿고 가자. 나를 믿고 토리를 믿자.'

이제 내가 기댈 곳은 믿음과 직진뿐이었다.

"점프!"

손짓과 음성으로 토리에게 신호를 보내며 출발했다. 토리의 위치를 확인할 순 없지만 연습한 호흡 그대로 달리며 내가 계산한 장애물 위치에서 신호를 줬다.

"점프!"

'오고 있나?'

"점프!"

'오고 있지?'

3, 4번 허들을 지나고 나면 5번은 터널. 터널에선 토리의

발소리를 들을 수 있었다.

　발소리가 들렸다!

　'무사히 중간까지 왔구나, 토리.'

　다음은 마의 커브 구간이었다.

　경로가 꺾이는 7번 허들을 지나며 나는 다른 참가자들과 다른 전략을 썼다. 토리의 주의를 환기하며 나에게 더 집중시키는 회심의 한 방. 한 바퀴 빙글 돌면서 "토리!"를 외치고 손 위치를 바꾸면서

　"점프!"

　정확히 이 지점부터, 나는 방울 소리 없이 토리의 위치를 파악할 수 있었다.

　"점프!"

　"와아!"

　토리가 허들을 넘을 때마다 감탄하는 사람들의 함성이 토리의 방울 소리를 대신했기 때문이다.

'좋아, 이제부터 이게 방울 소리야.'

점프, 와아!

점프, 와아아!

나와 토리, 사람들의 호흡이 일정하고 리드미컬하게 한 몸처럼 이어졌다.

함성은 점점 커졌지만 토리는 단 한 번도 내게서 눈길을 떼지 않았다. 마지막 "점프!"와 함께 쏟아지는 환호와 박수갈채를 들으며 우리는 무사히 결승선에 함께 도착했다.

'해냈다, 우리.'

토리의 배와 발이 빗물에 잔뜩 젖어 있었다. 뭉클함에 울컥 눈시울이 붉어졌다.

토리와 나는 실전에 강한 팀이었다. 이날 우린 그 어느 날의 연습보다 짧은 시간을 기록했다. 허들 쓰러뜨리기, 역주행 등의 실책 없이 완벽한 완주에 성공한 경우를 '클린 런'이라고 하는데, 우리의 점수는 클린 런으로 19.61초였다. 동일한 체급의 공식 참가자들 기록을 모두 합쳐 1등이었다.

'우리가 1등이라니.'

나와 토리를 향했던 걱정의 시선들이 떠오르며 다시 한번 울컥했다. 우리 이렇게 멋지게 살아요, 라고 말해준 것 같아서.

"잘했어, 한솔아."

큰엄마가 감격에 어린 목소리로 축하해주셨다.

시각장애인이 참가한 건 내가 처음이라 강아지 목에 방울을 달도록 허용한 것도 이날이 최초였다.

"시각장애인을 위한 규정을 따로 만들어야겠어요."

우리의 기록에 감탄하며 주최 측 관계자분이 말했다.

〈TV 동물농장〉 촬영팀이 제작해준 기념패를 들고 우리는 위풍당당하게 경기장을 나섰다. 너무 신이 나서 무슨 정신으로 집에 왔는지도 모르겠다. 내 기쁨을 아는 건지 토리는 집에 와서도 연신 폴짝폴짝 뛰었다.

"고생했다, 토리야!"

축하 파티는 토리가 제일 좋아하는 고기 간식으로

대신했다.

  9월 28일. 달력에 쓸 우리만의 기념일이 또 하루 늘었다. 일명 '토파민 대폭발'의 날.

◀◀
우리의 첫 질주 영상

좋은 건 바로 지금

처음 강아지를 키운다고 했을 때, 짐작했던 대로 부정적인 반응을 많이 들었다.

"개가 불쌍해."

"시각장애인이 강아지를 어떻게 돌본다고…."

눈이 보이는 사람도 키우기 어려운 강아지를 눈이 안 보이는 사람이 제대로 돌볼 수 있을까, 우려되는 마음이었을 거다.

누군가에겐 우리 관계가 한없이 불완전하고 불안해 보였을지 모른다. 나 역시 토리를 데려오고도 많고 많은 걱정들로 종종거렸으니까. 토리는 나의 걱정들을 예상 밖의 반응들로 하나둘씩 없애줬다. 잔뜩 신난 방울 소리, 앙증맞은 발소리, 밥그릇을 핥는 소리, 숨결, 꼬리의 진동. 엉뚱하고 귀여운 자기만의 에너지로 토리는 매번 나를 내일에 대한 걱정에서 오늘로 데려왔다.

'부족한 건 채우면 그만이야.'

불안할수록 토리에게 더 집중했다. 불완전함을 인정하고 채우는 과정에서 생각지 못한 기쁨과 행복, 추억이 차곡차곡 쌓였고, 우릴 향한 사람들의 반응은 백팔십도 달라졌다.

"환상의 케미다!"

"전생에 부부였나 봐."

"저희 집 강아지도 좀 교육시켜주시면 안 될까요?"

토리는 160만 구독자에게 사랑받는 스타견이 되었고, 나는 처음으로 '시각장애인'이라는 수식어보다 '토리 아빠'라는 호칭으로 더 많이 불리고 있다.

〈TV 동물농장〉 PD님은 우리만 보면 행복에 젖은 목소리로 이야기한다.

"20년 동안 동물을 봐왔는데, 토리랑 한솔님만 보면 너무 좋아요. 그냥 너무 좋아요."

나도 그렇다. 사람들이 우릴 보며 걱정하는 게 아니라 행복하다고 얘기해주는 게 그냥 너무, 너무 좋다.

토리와 지내면서 반드시 지키기로 다짐한 것이 있다. 즐거움을 미루지 않기. 오늘 산책을 미루면 내일은 비가 올 수도 있고, 지금 놀아주지 않으면 금세 졸음에 빠져버릴 수도 있다. 매일 오늘에 충실한 토리와 함께 지루함 따윈 모른다는 듯이 즐겁게 살고 싶다.

　'어질리티 도파민' 영향인지 토리는 요즘 한층 더 활력이 넘친다. 쉴 새 없이 딸랑거리는 방울 소리를 들으며 나는 이어서 쓸 우리의 추억을 궁리 중이다.

　"토리, 아빠랑 독댄스 어때?"

　춤도, 산책도, 사랑도, 지금보다 더 좋은 타이밍은 없다.

춤도, 산책도, 사랑도,
지금보다 더 좋은 타이밍은 없다.

토리에게

네가 처음 우리 집에 온 날을 생생하게 기억해.

너는 작은 몸으로 집 안 여기저기를 기웃거렸고,

나는 밀려오는 걱정들로 마음이 복잡했지.

내가 좋은 보호자가 될 수 있을까.

괜히 너만 힘들게 하는 건 아닐까.

그런 내 마음을 아는지 모르는지

너는 다음 날부터 내게 애정 공세를 퍼붓더라.

같이 교육받으며 조급해하고 싸울 때도 많았지만,

너와 함께하면서 일상이 좀 더 즐거워졌어.

네가 내 곁에 있다는 사실이

하루를 시작할 또 다른 이유가 되고,

밤이 되면 네가 내 발에 기대어 자는 온기가

오늘 하루도 잘 살아냈다는 증거가 되었어.

너를 교육하고 돌보는 동안,

사실은 내가 더 많이 배운 것 같아.

느긋함, 반복의 힘, 말없는 표현,

함께 살아간다는 것의 의미.

너는 내게 한 번도 애정을 말한 적 없지만

네가 나를 어떻게 생각하는지는

너의 발끝, 방울 소리, 숨소리로 다 느껴.

그리고 나 역시 말로 다 하진 못해도

매일 너를 돌보고, 네가 좋아할 일을 궁리하면서

나의 마음을 표현하고 있어.

앞으로도 실수도 하고, 싸우기도 하겠지만

너랑 함께라면

매일매일이 조금씩 더 완벽해질 거야.

그러니까,

내일도 같이 산책 나가자.

햇살 좋은 길에서

우리만의 발자국을 하나씩 남기자.

사랑해.

- 아빠이자 친구 한솔이가.

4부

기다리는 집

나에게 집은

고백하자면, 아직도 나는 가끔씩 유년의 집에 소환된다. 사람들과 함께 있는 공간에서 숨 막히는 침묵이 계속될 때, 누군가와 날 선 말을 주고받다가 주변 공기가 무거워질 때. 감당하기 벅찬 상황이나 분위기에 놓이면 일순간에 어린 시절 그곳으로 순간 이동을 한다. 적막했던 첫 번째 집의 텅 빈 부엌, 두 번째, 세 번째 집의 거실과 신발장, 어른들의 싸우는 소리를 들으며 숨죽이고 바라보던 낡은 방문 앞에 선다. 그러나 그 장면이 예전처럼 나를 긴 두려움에 빠뜨리진 않는다. 이제 나의 기억은 내 현재의 안녕을 갉아먹지 못한다.

가족 구성원의 변화를 많이 겪으며, 어린 시절부터 자연스럽게 다양한 사랑의 모양을 경험했다. 준비 없이 엄마가 된 첫 번째 어머니는 사랑을 주는 법을 배우지 못해 혼란스러운 만큼 사랑이 더 고팠는지도 모른다. 어린 내가 그 마음을 알았다면, 함께하는 시간이 좋은 만큼 내 마음을 더 많이 표현하고 더 많이 웃게

해드렸을 것이다. 두 번째 어머니는 어렵사리 결심했을
결혼을 지켜내려고 아버지와 나 사이에서 부단히 애썼을
것이다. 주부이자 양육자로서의 역할을 충실히 해내는
것이 재혼 남편의 자녀에게 해줄 수 있는 최선의 사랑
표현이었으리라 생각한다. 세 번째 어머니 역시 잘해내고
싶은 마음은 매한가지였을 것이다. 그 마음이 큰 만큼,
뜻대로 움직여주지 않는 아이를 볼 때마다 안타까움이
치밀었으리라.

  마음처럼 잘되지 않는 어른의 사랑을, 이젠 더 너른
시선으로 바라보게 된다. 처음이라 미숙했을 그들의
당혹감과 슬픔을 시간이 훌쩍 흐른 뒤에야 찬찬히
헤아리게 된다.

  아버지의 사랑도, 세 어머니의 사랑도 모두 각자의
방식대로 진심이었다고 믿는다. 다만 너무 뭉툭해서,
연약해서, 때로는 거칠어서 어린 내가 온전히 이해하지
못했던 거라고. 서로에게 닿지 못한 아쉬움과 후회는
앞으로의 인연에 충실하며 담담히 묻어두기로 한다.

나에게 집은 오랜 꿈이었다. 흔히 얘기하는 '내 집 마련' 같은 개념보다 훨씬 높고 큰 꿈. 꿈 속의 나의 집은 고요하고, 편안하다. 말없이 있어도 불안하지 않다. 아무런 위험 요소가 없는 안전한 공간에서 지극히 평범하고 사사로운 이야기를 주고받는다. 각자의 오늘을 공유하고, 서로의 내일을 응원한다.

큰엄마와 큰아빠에게 사랑을 주고받는 법을 배우고, 토리를 만나고 책임감을 배우면서 언젠가 내가 만들어낼 가정의 모양과 온기를 구체적으로 그려왔다. 누군가와 함께하는 연습을 영영 포기했다면 영원히 불가능했을 꿈이다.

상실의 슬픔이 너무 깊이 박힌 사람은 마음을 여는 속도가 느리다. 나도 그랬다. 사람을 믿을수록, 마음을 빨리 열수록 그만큼 상처받을 위험이 커진다고 믿었다. 그래서 겉으론 티 내지 않으면서 속으로는 마음의 문을 반쯤 닫고 살았다. 숨기고 의심하고 경계하고 물러서는 것이 나를 지키는 방법이라 믿었다.

  어느 정도는 지켜졌을 것이다. 거리를 두고 도망치는 만큼 다칠 확률이 줄어드는 건 사실이니까. 하지만 딱 거기까지였다. 상처받을 가능성이 줄어드는 만큼 내 세계도 작아졌다. 행복할 가능성도 비례해서 줄어들었다. 내가 한 걸음 다가가면 상대도 한 걸음 다가온다는 걸 알게 되기까지 꽤 많은 용기가 필요했다.

  마음을 연다고 해서 모든 일이 순탄하게 풀릴 거라고 기대하지는 않는다. 그러나 결말이 두렵다고 시도를 피하지는 않으려고 한다. 그 옛날에 걸어 잠근 자물쇠를 영영 풀지 않았다면, 나는 여전히 유년의 집 방문 앞에 서서 한 발짝도 나아가지 못했을 것이다.

이제 나의 기억은

내 현재의 안녕을 갉아먹지 못한다.

짐이 아니다

시력을 잃었을 때 내게 가장 큰 절망은 이 집에서 내가 영영 짐이 될 거란 확신이었다.

'대체 내가 뭘 할 수 있을까.'

멋진 어른이 돼서 두 분에게 보답하겠다던 열여덟의 살의 나는 사라지고 두려움에 떠는 여덟 살의 나만 남아, 무력감과 패배감에 완벽히 압도되었다.

내가 힘들면 큰엄마와 큰아빠도 다 힘들어질 거야.
나의 불행이 두 분까지 짓누를 거야.

불행한 미래에 대한 강렬한 확신은 나를 옴짝달싹도 못 하게 했다.

큰엄마의 손을 잡고 영화관에 다녀온 뒤로도 나는 오랜 시간 방 안에 누워 지냈다. 그러다 큰엄마의 울음소리를 들었다. 내 앞에선 늘 밝은 목소리로만 대하던 큰엄마가 방 안에서 몰래 흐느끼고 계셨다.

정신이 번쩍 들었다.

'짐이 되는 것이 싫다면서 외려 내가 두 분을 슬프게 했구나.'

시련 앞에서 억울함과 비통함은 아무런 힘이 없었다. 왜 나한테 이런 일이 일어났느냐고, 내가 무얼 할 수 있겠느냐고 한탄하고 원망해봐야 세상은 내게 한 발짝도 다가오지 않았다.

내가 먼저 손을 뻗어보기로 했다. 슈퍼에 가고, 지하철을 타고, 라면을 끓이고, 도움을 청하고, 사람들에게 말을 걸며 걸음마 하듯 조금씩 앞으로 나아갔다. 그러자 세상도 조금씩 나를 향해 열리기 시작했다. 큰엄마 큰아빠가 그랬듯, 살면서 만난 아주 많은 사람들은 이미 남을 도울 준비가 되어 있었다. 그들은 기꺼이 나와 함께했고, 귀찮거나 힘든 기색이 아닌 기쁨과 즐거움을 더 많이 표현했다. 내가 나를 구하자 세상도 나를 구했다.

그리고, 지금 내겐 제 모든 것을 의지하는 토리가 있다. 밥을 먹는 것도, 잠을 자는 것도, 산책을 하고 노는 것도.

아침에 눈을 뜨고 잠드는 순간까지 거의 모든 시간에
토리는 내 손길을 필요로 한다. 건강부터 기분까지 토리의
안전과 행복을 지켜주는 건 오롯이 나의 몫이다. 그리고 난
이 책임이 단 한순간도 무겁지 않았다. 오히려 하루를 더
즐겁게 살아낼 이유가 된다.

   의지를 하는 건 토리만이 아니다. 나 역시 하루를 시작할
때, 마음이 가라앉을 때, 혼자 있는 시간이 길어질 때, 꽤
많은 순간에 토리의 존재가 힘과 위로가 되는 걸 느낀다.
이 마음이 토리에게 짐이 될까 걱정한 적은 없다.

   서로가 서로에게 기대는 건 무게를 나누는 일이지
한쪽이 짐을 짊어지는 일이 아니었다. 서로가 없으면
버겁던 하루가, 서로와 함께여서 더 견딜 만해진다.
신뢰하고 아끼는 마음이 있다면, 우리는 서로에게 짐이
아니라 슬픔의 중력을 날려주는 슈퍼 히어로다.

우리는 서로에게 짐이 아니라

슬픔의 중력을 날려주는 슈퍼 히어로다.

흰지팡이

no. 198

1부에서 고백했듯, 내 어린 시절을 지배한 가장 큰 감정은 부끄러움이었다. 남과 다른 것, 불완전한 것, 준비되지 않은 것은 내게 최선을 다해 감춰야 할 부끄러움이었다. 중학교 졸업을 앞두고 특목고 원서를 썼었는데, 입학 면접에서 나는 단 한마디도 못 하고 면접장을 나왔다. 머릿속의 문장이 완벽하게 정리되지 않았거나 내 대답이 정답이라는 확신이 없으면 아예 입을 열지 않는 성격이었다.

이런 성향에 부끄러움의 상징이 또 하나 더해진다는 건 정말이지 끔찍한 일이었다. 바로 흰지팡이다. 엄마 아빠가 없는 건 감출 수 있지만 흰지팡이는 감출 수도 없었다. 그냥 처음 만나는 사람에게 '나는 당신과 다른 사람이에요'라고 말하는 격이니까. 일주일, 한 달을 고민하다 집에 두고 외출한 때도 많았다.

대화할 때 상대방의 눈동자를 마주 보지 못한다는 것도 부끄러운 일 중 하나였다. 상대방이 날 어떻게 볼까 무서워 시선을 항상 땅에 뒀다.

이후로 많은 것에 도전하고, 만나는 사람들이
많아지면서 알게 되었다. 사람들은 모두 흰지팡이
하나쯤은 가지고 있었다. 누군가에게는 그게 외모였고,
누군가에게는 성격이었고, 누군가에게는 부모, 누군가에겐
학벌이었다.
 '다들 하나씩 있는 흰지팡이라면, 굳이 숨길 필요가
있을까?'

 흰지팡이를 부끄러워하지 않은 때부터 나는 아주 많은
것에서 해방됐다. 가능한 것과 불가능한 것을 구분하고,
불가능한 것은 깔끔하게 포기했다.
 지팡이 없이 나갈 수 있는가? No. 그렇다고 집에만 있을
것인가? No. 사람의 눈을 보고 얘기할 수 있는가? No.
그렇다고 사람을 안 만날 것인가? No.
 가능과 불가능을 구분하면 선택지가 심플해지고, 내가
바꿀 수 없는 걸 포기하는 순간 다른 게 보이기 시작했다.
 '이마를 보든 턱을 보든 그게 뭐 대수야? 그냥 소리 나는

쪽으로 대충 보자.'

'지팡이 때문에 나를 이상하게 보는 사람이라면 어차피 나랑 안 맞는 사람이야. 저절로 사람이 걸러지니 오히려 좋네.'

집착도 습관이었다. 버리기로 맘먹고 나니 그 또한 습관이 됐다. 고개를 들고 대화하기 시작했다. 상대방의 목소리에 더 집중하다 보니 시선에 대한 강렬한 두려움에서 저절로 빠져나왔다.

이제 나는 행선지에 따라 흰지팡이 없이도 외출이 가능하다. 지팡이를 집에 두고 나간다면 그건 나의 선택이지 부끄러움 때문이 아니다.

절망에 빠져 있을 땐 내 삶에서 인간관계는 완전히 끝난 줄 알았다.

'이런 나를 누가 받아주겠어.'

세상과 나 사이에 굵은 선을 긋고, 온갖 상상의 나래를 펼치며 혼자 늙어갈 미래를 상상했다. 큰엄마 큰아빠의 손을 잡고 바닥을 딛고 일어날 때도, 선을 넘어 사람들 사이로 뚜벅뚜벅 걸어갈 때도, 흰지팡이는 아무런 장벽이 되지 않았다.

결혼 생각

올해 들어 몸이 두 개면 좋겠다는 생각을 많이 한다. 방송 출연 제안과 강연 의뢰가 늘고 채널이 커지면서 활동량이 부쩍 늘었다. 정신 차려보면 한 달, 석 달이 훌쩍 흘러 있다. 바쁘게 굴러가는 일상에 몸을 맡기고 살다가도 문득문득 마음의 브레이크가 걸린다.

'일도 중요하지만 가정을 만드는 것도 삶의 한 부분인데, 그건 언제…?'

어릴 때는 스물다섯에 결혼하고 싶었다. 빨리 가정을 만들고 그 가정 안에서 안정감을 느끼고 싶었다. 아이에게 내가 느끼지 못한 안정감과 사랑을 주고 싶었다. 있지도 않은 아이의 현재와 미래를 생각하며 이것도 준비해야지, 저것도 준비해야지, 더 많이 벌어놔야지, 하다 보니 어느새 삼십 대 중반이 됐다.

군인, 공무원, 교사 등 안정적인 직종의 친구들 중엔 일찍 결혼하고 아이를 낳은 친구가 많다.

"결혼하면 행복해?"라고 물으면 친구들은 말했다.

"응, 행복해."

"전과 다른 안정감이 들어."

"어쨌든 한 팀이 생겼단 느낌이야."

그들이 말하는 행복은 내가 느끼는 행복과 다른 걸까, 다르다면 어떻게 다른 걸까 막연히 헤아려보곤 했다.

결혼 후의 안정감이란 뭘까?

한 팀이란 뭘까?

토리와 한 팀인 것과 비슷하려나?

큰엄마 큰아빠와 나는 한 팀이었지만, 그건 어디까지나 두 분이 주도한 것이었다. 나는 그냥 두 분을 믿고 의지하고 따르면 되었다. 가정을 만든다면 가족이 한 팀이 되도록 주도하고 이끄는 것이 온전히 내 몫이 될 텐데, 내가 그 역할을 잘해낼 수 있을까. 어른이 된 후로 이 질문을 꽤 오랜 시간 숙제처럼 품어왔다.

더 솔직히 말하면, 내가 결혼을 선택했을 때 따라올

세상의 말들, "여자가 고생이 많겠다", "힘든 길을 선택했네"
같은 걱정을 해소할 힘을 키우고 싶었다.

  아이도 마찬가지다. 사실 상상으로는 결혼도 하고
아이도 낳고 어린이집, 초등학교 입학도 여러 번 시켰다.
그때마다 방지턱처럼 걸리는 생각이 있었다.

  '아이가 나를 부끄럽게 여기지 않을까.'

  "우리 아빠는 시각장애인이에요"라는 말을 부끄러움
없이 하는 아이, 세상의 편견과 선입견 앞에서 강인한
아이로 키우려면 내가 어떤 사람이 되어야 할지를
오랫동안 고민했다. 이 모두에 대한 정답을 도출하고 그
정답을 충족하는 현실을 마련해야 결혼을 고려할 수
있다고 생각했다. 내 아이만큼은 부끄러움과 비밀 때문에
가슴앓이할 일이 없길 바랐다.

  '설명이 필요 없는 사람이 되자.'

  고민을 100퍼센트 충족하는 결론은 아니지만,
이게 내 나름의 선택지 중 하나였다. "우리 아빠

시각장애인이에요"라고 말하는 대신 "우리 아빠 김한솔이에요"라고 말하게 하자. 이왕이면 그 목소리가 크고 우렁찰 수 있도록, 내가 더 좋은 사람이 되자.

   나의 결혼 생각은 늘 그렇게 '더 잘 살고 싶은 마음'으로 이어졌다.

자랑하고 싶은 기록

가끔 보는 친구들은 말한다.

"나 김한솔 안다고 하는데 안 믿잖아."

"같이 사진 좀 찍자. 친구들 보여주게."

감추고 눈치 보기 급급했던 어린 시절엔 상상도 못 했던 관심과 사랑을 받고 있다. 비밀을 잔뜩 안고 있던 여덟 살, 화장실 가는 길 묻기도 부끄러워했던 열아홉의 난 당연하게도 철저히 사람들의 시선과 관심 밖에 살았다. 내가 나의 부족함을 감추지 않고 드러내자 사람들은 나를 웃으면서 바라봤다. '다름'이 비밀이 아닌 개성이 됐다. 나를 응원하고 자랑하는 사람들의 목소리를 들을 때마다 '내가 선택한 길이 맞구나' 하고 확신하곤 했다.

'나중에 아이가 날 부끄러워하면 어쩌지'라는 걱정은 오래전에 접혔다.

오히려 지금은 이런 생각을 더 많이 한다.

'나중에 내 아이도 나를 자랑하고 싶겠지?'

숨기고 싶은 가족이 아니라 자랑하고 싶은 가족이 되고

싶다. 평범한 이야기를 평범하게 나누는 아이의 부모가 되고 싶다. 엄마 아빠 이야기가 나오면 해맑게 웃으며 재미있는 추억과 어제 나눈 웃긴 얘기를 늘어놓는 아이. 아이에게 줄 자랑할 거리를 부지런히 차곡차곡 만들어두고 싶다.

토리를 키우기 시작할 때의 경험에 비추면, 내가 아이를 키운다고 했을 때 날아올 사람들의 반응은 아마 세 가지로 나뉠 것 같다.

1. 시각장애인이 어떻게 아이를?
2. 개랑 사람은 다르지.
3. 김한솔은 육아도 기똥차게 할 거야.

시행착오는 있겠지만, 결국 내가 만들어낼 엔딩은 3번일 걸 안다. 이건 내 인생 데이터베이스에서 나온, 꽤나 자신만만한 확신이다.

소설 쓰기 금지

누가 어떤 사람이 안 맞느냐고 물으면 '기승전결이 없는 사람'이라고 답하곤 했다. 설명 없이 결론만 있는 상황에 스트레스를 많이 받은 유년의 기억 영향일 것이다. 가까운 사람과 가장 많이 부딪히는 문제도 이런 부분이었다.

한바탕 언쟁을 치르고 나면 주로 이런 요구를 하곤 했다.
"나는 네가 말을 할 때 '나는'이라는 주어 중심으로 말해주면 좋겠어."
"그냥 설명을 해줘. 덮어놓고 탓하는 말은 듣고 싶지 않아."
그래도 대화가 안 풀리면 똑같이 비아냥거릴 때도 있었다. '그러는 너는 잘했냐' 같은 표현이 나오면 그때부턴 파국이다.

관계와 소통에 대한 좀 더 다각적인 성찰이 필요하다고 생각했다. 나는 상담센터에 가서 상담사들은 어떻게 대화하는지를 유심히 관찰했다. 친구와 함께 TCI 기질 검사를 받으며 나와 친구의 기질을 파악하고 충돌하기 쉬운 부분을 분석해보기도 했다.

  나는 자극 추구 성향이 현저히 낮은 반면 사회적 민감성이 높은 편이었다. 구체적으로는 친밀감과 정서적 감수성, 책임감, 공감, 이타성 지수가 높았다. 그래서 대화와 설명을 통해 서로의 상황이나 감정, 변화의 과정을 파악하는 것이 중요했다. 충분한 설명을 듣고, 상대방의 감정을 따라가면서 이해할 수 있는 폭이 넓어질 때 비로소 관계에 대한 안정감을 느꼈다. 반면 친구는 독립적이고 거리 두기가 중요한 성향이었다. 나는 그 친구가 너무 말이 없다고 답답해했지만, 친구는 시간이 필요한데 자꾸만 설명을 원하는 내가 답답했을 것이다.

  관계에서 가장 나쁜 건 한쪽이 참는 거라고 생각했다. 참는 건 억누르고 '잠시' 막아두는 거니까. 해소되지 않고 억눌린 감정은 5년 후든 10년 후든 반드시 튀어나온다. 그러므로 나는 참지 않고 이해하고 기다리고 싶었다. 문제는 내가 기약 없는 기다림에 약하다는 거였다. "3일

뒤에 다시 얘기하자"라는 말은 괜찮지만 "시간 좀 줘"라는 말은 괜찮지 않았다.

  대화 없는 공백이 길어지면 과거는 소설로 변해버린다. 엄마가 사라지고 아빠가 떠났을 때 나는 많고 많은 밤을 소설을 쓰며 보냈다. 그 소설은 나를 점점 삭막하고 숨 막히는 섬으로 떠밀었다.

  기질 검사 이후 새롭게 더한 관계의 수칙이 하나 있다면, 함부로 소설을 쓰지 않는 것이다. 내가 설명이 필요한 사람이듯, 누군가는 설명이 어려운 사람이라는 걸 있는 그대로 받아들이는 것. 너와 나의 거리에 너무 많은 추측과 해석을 두지 않는 것. 이해는 때로, 설명보다 시간 속에서 자란다는 걸 믿기로 했다. 기다림도 설명만큼 귀한 친절이라는 것을 이제라도 깨달아서 다행이다.

그냥

no. 212

가끔, 같은 언어를 쓰는 사람보다 토리가 말이 더 잘 통한다고 느낄 때가 있다. 토리와 나는 정해진 약속대로 반응하기 때문이다. 토리가 내게서 약속된 신호를 읽으면 나는 토리에게 약속된 보상을 준다. 약속된 소통, 불확실성이 완전히 배제된 소통이 주는 어떤 위안이 있다.

반면 사람과의 관계에선 대부분 머릿속이 바쁘다. 기약 없는 기다림과 예고 없는 상황에 취약하다 보니, 이런저런 변수와 가능성을 자꾸 가늠하게 된다.
'이 사람은 약속을 지킬까?'
'지금 하는 말은 다 진실일까?'
'왜 약속을 어기고 아무 말이 없지?'
사회적인 활동이 많아질수록 계산 없는 관계가 더 절실해진다. 불필요한 눈치 싸움이 없는 관계. 계산하지 않고 우직하게 약속을 지켜가는 관계. 단순한 진심과 깨끗한 믿음으로 굴러가는 관계.

토리와 내가 주고받는 약속에 이유는 없다. 의미를 붙이려면 붙일 순 있겠지만 대부분은 '그냥' 한다.
  우리는 더 잘 살기 위해 자꾸만 인생에 이유와 의미를 덧붙이지만, 관계와 인생이 무거워질수록 정작 필요한 건 '그냥'일지도 모르겠다. 그냥 웃고, 그냥 먹고, 그냥 잘해주고, 그냥 사랑하다 보면 그냥 행복한 순간도 많아지지 않을까.

사랑은 동기부여다

no. 214

강연 후 질의응답 시간에 한 분이 고민을 이야기했다. 사내 인간관계 때문에 힘들다는 고민이었다.

"회사에서 차별이 심해요. 어떻게 해야 인간관계를 잘 맺을 수 있을지 도무지 모르겠어요."

질문한 분은 장애를 갖고 있었다.

나의 답은 '자신을 더 드러내라'였다.

"실제로 차별이 존재할 수 있어요. '쟤 왜 저래', '귀찮아', '짜증나' 같은 부정적인 말을 들을 수도 있어요. 그런데 그 사람들이 어느 날 아침에 갑자기 깨달음을 얻고 달라질까요? 아뇨, 내일도 모레도 그럴 거예요. 불가능한 것은 생각하지 마세요. 상황을 바꿀 키는 질문자님이 이미 가지고 있어요. 열쇠를 돌려보시겠어요?

키를 돌리고 문을 열었을 때 경우의 수는 여러 가지가 있어요. 하지만 중요한 건 최소한 상황이 바뀐다는 거예요. 자신을 드러내기 힘든 질문자님의 마음을 저는 잘 알아요. 너무 잘 알아요. 하지만 드러내지 않으면 사람들은 영원히 몰라요. 내가 누구인지, 무엇을 좋아하고 무엇에 상처받는지, 내게 어떤 강점이 있는지, 말하지 않으면 몰라요.

  누가 나를 저절로 알아주기만을 기다리면 사람은 한정 없이 지치는 것 같아요. 마음은 고립되고, 계속 비교하고, 내 탓만 하게 되죠. 남과 다르다는 생각 때문에 하지 못한 것이 있다면 그것부터 하셨으면 좋겠어요. 지금 질문자님에게 부족한 건 용기뿐이에요."

  다음 질문자는 장애가 없는 분이었다. 우울증으로 힘든 마음을 고백하며 어떻게 그렇게 밝게 살 수 있느냐고 물었다. 말하는 내내 울먹임에 목소리가 떨렸다.

  각자의 우울함은 다 달라서 무게를 잴 순 없지만, 나의 경우 시력과 가족을 상실했을 때 꽤 깊은 우울에 빠져 살았다.

  '다 내 탓이야.'

'하지만 그건 내가 어쩔 수 없는 부분인데.'

답 없는 생각들을 오가며 하루하루 시간과 감정을 소모했다. 자책감, 자괴감, 다 끝났다는 공허감, 아무것도 할 수 없다는 무력감, 누구도 나를 인정해주지 않을 거란 서글픔…. 우울에 빠져 있으면 그 우울은 끝도 없이 내가 우울해야 할 이유들을 가져다줬다.

어느 날 자각했다.

'슬픈 생각을 할 때마다 슬픔이 1씩 올라간다.'

이 무의미하고 소모적인 덧셈을 계속하고 싶지 않았다.

'누가 인정해주지 않더라도 내가 나를 인정하면 돼.'

물론 사람은 로봇이 아니라, 결심한다고 당장에 우울이 가시진 않았다. 그러나 작더라도 지속적으로 성공 경험을 쌓는 것이 내게는 가장 유용했다.

그때 나는 우울한 생각이 떠오르면 그 소리를 모두 종이에 썼다.

나는 못난이야.

나는 힘이 없어.

다 나를 피할 거야.

아무것도 못 할 거야.

나로 인해 주변 사람들도 힘들어지겠지.

그런 다음 문장 옆에 화살표를 그렸다. 동의하든 동의하지 않든, 내가 쓴 문장과 반대되는 문장들을 화살표 옆에 적었다.

난 최고야.

나는 유능해.

나에겐 잠재력이 넘쳐.

결국 모두 나를 좋아할 거야.

마음만 먹으면 뭐든 잘할 수 있어.

나로 인해 주변 사람들이 행복해질 거야.

이 기록을 계속 반복하면서 부정에서 긍정으로 생각을 옮기는 연습을 했다.

토리를 교육하면서 '사람이나 개나 똑같구나'라는 생각을 정말 많이 했다. 더 나은 성장을 위해 어떻게 동기부여를 해줄 것인가. 이것이 내가 이해한 양육의 핵심이었다.
그래서, 내가 생각하는 가장 이상적인 사랑법은 동기부여다. 이 사람이 더 좋은 곳으로 갈 수 있게, 더 좋은 생각을 할 수 있게, 더 좋은 감정을 느낄 수 있게 긍정의 동기부여를 계속해주는 것.

나를 사랑하는 일도 마찬가지다.

내일이 없는 것처럼

오지 않는 엄마를 기다리던 날부터 내 일상은 기대를 버리는 연습의 연속이었다. 실망하지 않기, 다치지 않기, 슬픔을 들키지 않을 만큼 거리를 두기. 좌절할 확률이 낮은 안전한 틀 안에서 인생의 계획표를 쓰고 조심스러운 꿈을 꿨다. 하지만 아무리 신중하게 계획을 세워도 삶은 늘 내 예상을 빗나갔다. 이별은 예고 없이 찾아왔고, 시련은 마음을 준비할 시간 따위 주지 않고 무섭게 들이닥쳤다. 순간순간의 고비마다 세상은 내가 원하는 만큼 친절하지 않았다.

삶의 불확실성이 무섭다는 생각이 들수록 하루하루를 예습하듯 살았다. 매일의 하루가 내일의 리허설이었다. 안전하게 사는 법을 익히느라 살아 있는 법을 놓쳤다. 그 틈으로, 가족이란 이름의 존재들이 들어와 내 세계를 키우고 변화시켰다. 큰엄마 큰아빠네 가족들과 토리 외에도 나를 지켜준 이들이 많다. 내가 시력을 잃자 큰엄마와 함께 장애인 활동 지원사 자격증을 취득한 친척들, 늘 내 곁에서 나의 안부를 묻고 나의 성장을 응원하는 친구와 지인들.

상실의 두려움을 안겨준 것도, 넘어진 나를 삶으로 이끈 것도 모두 가족이었다. 순간의 행복을 누리는 법을 가르쳐준 나의 가족, 내 삶의 히어로들에게 감사할 따름이다.

  한때는 가족을 하나의 완성된 모양으로 생각했다. 아버지와 어머니 그리고 아이. TV 드라마 속의 완벽하고 화목한 공동체. 그들이 그린 원은 너무나 공고해서 누구도 침범하거나 깨뜨릴 수 없을 것 같았다. 반면 내게 주어진 가족은 이미 깨지고 어그러져 영원히 완성될 수 없는 원처럼 여겨졌다. 끊어진 원 안에서 자주 추웠다.
  그러나 내가 인생에서 배운 가족은 TV 속의 그것과 거리가 멀었다. 가족은 만나는 것이 아닌 만들어가는 것이었다. 우연히 마주한 마음들이 모여 서로를 위해 노력하고, 함께 걷는 삶을 매일 새롭게 그려가는 과정. 서로에게 그 진심과 의지가 있다면 함께 완성하지 못할 원은 없다고 나는 믿는다.

이제 큰엄마 큰아빠에게 토리는 세상 귀한 손녀다.
통화할 때마다 두 분은 내 안부보다 토리 안부를 먼저
챙긴다. 두 분이 우리 집에 놀러 오면 토리는 나를 제쳐두고
두 분 곁에 찰싹 붙어 애교를 부린다. 나와 토리가
새롭게 연습한 서커스 쇼를 선보이면 거실 가득 두 분의
웃음소리가 떠나지 않는다.

서로를 향한 걱정과 애틋함을 알기에, 우리는 기회가
있을 때마다 더 많이 웃고 더 많이 표현한다. 그 순간
우리가 그린 원 안은 이보다 더 완벽한 계절이 있을까 싶게
따뜻하고 안락하다.

가족을 꿈꾸며 품어온 수많은 번뇌와 슬픔, 그 끝에
찾은 나름의 결론들이 나를 여기 이 자리에 데려왔다.
곤히 잠든 토리의 숨소리만이 간간이 들리는, 고요하지만
적막하지 않은 집에서 나는 매일 밤 지금 이 순간의
행복을 응시한다. 무탈하게 지나간 하루에 감사하고,
다가올 행복을 기대한다. 겁 없이 다음을 기대하는 지금이

좋다. 내가 찾은 정답들과 여전히 현재진행형인 고민들 사이에서, 앞으로도 나는 계속 사랑하고 넘어지고 자라고 웃을 것이다.

  내일이 없는 것처럼.

언젠가 만날
나의 아이에게

내가 누군가의 아이였던 시절엔

가족은 늘 수수께끼 같은 비밀이었어.

형체가 없고 정답도 알 수 없는데

다르다는 이유로 숨기고 부끄러워하는 존재.

가족을 잃고,

또 얻으면서 조금씩 꿈꾸게 되었어.

내가 만들어갈 집, 가족의 모양을.

돌아보면 사람들을 통해 많은 걸 배웠어.

느리지만 반드시 도착하는 진심의 힘,

무너진 마음을 일으키는 사소한 말의 힘,

소란하지 않게 다정한 환대의 기쁨,

조용히 기다려주는 마음의 온기.

그 연습의 과정 끝에 너를 그렸어.

미래에 너를 만나게 된다면,

나는 사랑하는 법을 꽤나 배운 사람이 되어 있을 거야.

실수도 많겠지만, 실수해도 괜찮다고,

우리 다시 해보자고,

웃으며 말할 줄 아는 어른이 될게.

서로를 어려워하지 않는 가족이 되자.

그때그때 표현하는 가족이 되자.

후회보다 추억을 남기는 가족이 되자.

언젠가 네가 스무 살이 되었을 때,

'가족'이라는 단어를 떠올리면

슬픔보다 행복에 젖어 웃음 짓기를 바래.

그럴 수 있게,

내 모든 진심으로 너의 집이 되어줄게.

- 오랫동안 너를 그린 아빠가.

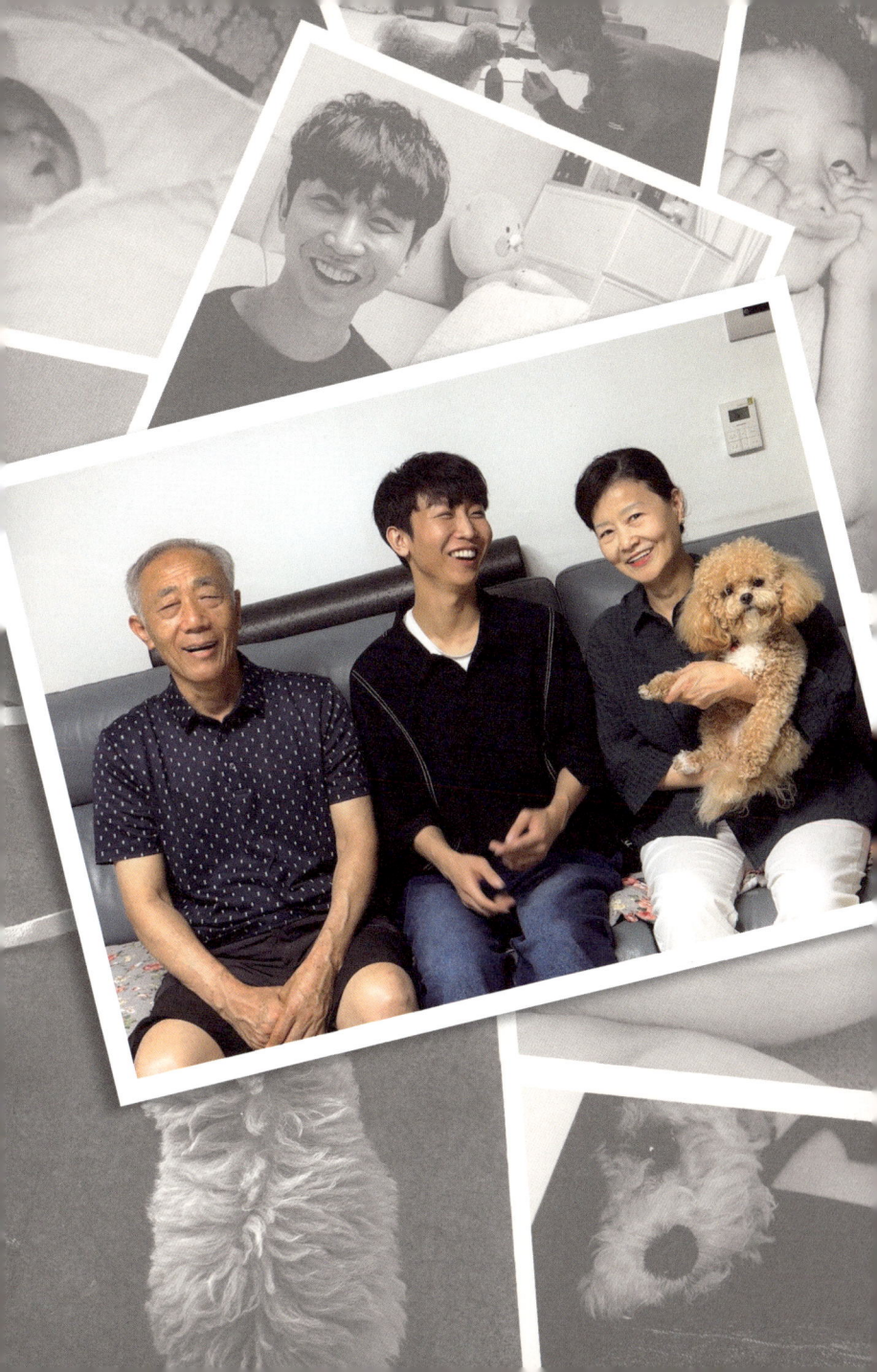

후회하지 않고 사랑하는 법

초판 1쇄 인쇄 2025년 11월 17일
초판 1쇄 발행 2025년 11월 26일

지은이 김한솔
펴낸이 최순영

출판1 본부장 한수미
라이프 팀장 곽지희
편집 곽지희
디자인 김태수
본문 사진 최정민

펴낸곳 ㈜위즈덤하우스 **출판등록** 2000년 5월 23일 제13-1071호
주소 서울특별시 마포구 양화로 19 합정오피스빌딩 17층
전화 02) 2179-5600 **홈페이지** www.wisdomhouse.co.kr

ⓒ 김한솔, 2025

ISBN 979-11-7171-560-2 03810

- 이 책의 전부 또는 일부 내용을 재사용하려면 반드시 사전에 저작권자와 ㈜위즈덤하우스의 동의를 받아야 합니다.
- 인쇄·제작 및 유통상의 파본 도서는 구입하신 서점에서 바꿔드립니다.
- 책값은 뒤표지에 있습니다.